作 者
方韶毅

民國文化隱者錄

目次

民國文化隱者錄

北大「溫州學派」的沉浮

一九一七年初，蔡元培上任北京大學校長不久，即邀請馬敘倫返校任教。六月下旬，馬敘倫獲悉張勳復辟的陰謀，便離京南下度假。不料，盛夏之時的七月三十一日，他的恩師陳介石在瑞安故去。這個消息著實太突然了。馬敘倫從杭州匆匆趕往瑞安弔唁。

「憶我有志，始從門下，行兮我範，文兮我治，行則不稱，文能河瀉。……三千之中，視我猶子，父事未能，亦吐肝肺。今也何如，浩浩江水。嗚呼哀哉！憶我從師，於茲廿祀，南北東西，無往不侍。中或相雛，日月焉耳。」展讀祭文，馬敘倫泣不成聲。

兩個月前，陳介石得知弟弟醉石病危「兼程弛歸」老家探望。七月七日，醉石辭世。相距不過二十餘日，「以慟致疾」傷心過度的陳介石竟追隨而去，享年五十九歲。陳介石離京，馬敘倫來不及送別。想不到，這卻是永訣，怎不令人痛心。

陳介石，名黼宸，一八五九年生，瑞安一代名儒，與宋恕、陳虬並稱「東甌三先生」。陳介石弱冠，「即意氣不可一世」，曾與宋恕、陳虬、許啟疇、金晦等人結求志社，提倡經世之學。二十一歲開始，在家設潁川學塾。後又執掌樂清梅溪、平陽龍湖、永嘉三溪等書院，「四方從學者幾千人」。三十五歲時，考中舉人。陳介石與宋恕、陳虬等人言行常有不同於孫詒讓、黃體芳等地方名流，

仰正學堂時期的陳介石

陳介石晚年像

頗多開先河之舉。如一八八五年，陳介石與陳虬等人創辦利濟學堂、利濟醫院。利濟學堂係全國最早的一所新式中醫學校。一八九七年，倆人又共同出版《利濟學堂報》，這是近代中國最早的學報之一。因此，孫寶琦在津創辦育才館，託其弟寶瑄請宋恕赴津任教。宋恕致函孫寶瑄轉薦陳介石：「品行極優，勝恕十倍。志大識超，恕心中上五名人物。學宗陽明、梨洲，博古通今，不屑章句；文似黃河、長江，不飾門面；素業授徒，帖括、市井二氣全無。」

一九〇〇年，四十二歲的陳介石受聘為杭州養正學堂史學教習，並一度擔任總教習，馬敘倫正是此時起與陳介石相處。「他老的古文也做得好，我們當初並不曉得」，馬敘倫後來在《我在六十歲以前》中回憶道。「我聽了他老對歷史的議論，很感興趣。……他老不但『循循善誘』，還真懂得『不憤不啟，不悱不發』的教法。我們經他老幾次的啟發，沒有不五體投地的歸依他老了」。

不過，陳介石在養正學堂只兩年，便因一場學潮憤而辭職了，馬敘倫也遭開除。之後，陳介石到上海

主持《新世界學報》，馬敘倫隨師為該學報撰稿。一九〇六年，兩廣總督岑春煊奏調陳介石到廣東辦理學務，陳介石即召喚馬敘倫來粵，先在兩廣師範學堂任教。次年春，陳介石接辦兩廣方言學堂，馬敘倫改任該學堂教員。一九〇九年，陳介石當選為浙江諮議局議長，又把馬敘倫召回到身邊，任浙江諮議局書記。一九一三年，陳介石當選為眾議院議員，並兼任北京大學文科史學教授。一九一四年，陳介石專任北京大學文科史學教授。不久，馬敘倫也到了北大任文科教授。袁世凱稱帝，馬敘倫毅然辭職以示反對。蔡元培到任，他再次回到北大，與陳介石共事。

從杭州到上海，再從廣東到杭州，乃至到北京，馬敘倫與陳介石形影不離。對於馬敘倫來說，陳介石是一位亦師亦父的長者，可敬可愛。而對陳介石來說，馬敘倫是他的得意門生，一路提攜。難怪胡適要把馬敘倫劃入北大的「溫州學派」。胡適晚年曾對他的秘書，也是溫州人的胡頌平說：「你不要以為北大全是新的，那時還有溫州學派，你知道嗎？陳介石，林損都是。後來，還有馬敘倫。」關於北大「溫州學派」之說，目前只有胡適提及，似無他旁證，也許只是胡適的泛泛而談，這是需要注意的。但胡適的這個說法，起碼說明了當時北大中溫州人有一些影響力。

辦《新世界學報》和到廣東辦理學務中間這三年，馬敘倫沒有跟隨陳介石左右。如果說北大真有所謂的「溫州學派」，那麼這三年，可以說是陳介石為「溫州學派」埋下了伏筆。

一九〇三年，陳介石考中進士，官戶部主事。主考官孫家鼐、張百熙、榮慶一致奏派陳介石為京師大學堂師範科教習。京師大學堂即是北京大學的前身，創立於多難興邦的一八九八年，戊戌變法失敗，維新力量受挫，唯有京師大學堂獲倖免，未予廢除。八國聯軍入侵，京師大學堂遭破壞，一度停辦。一九〇二年，京師大學堂恢復，吏部尚書張百熙任管學大臣。「興學伊始，教育未易得

陳介石編寫的教材，語涉民權，曾遭禁毀

人」，而陳介石「品學純粹」為張百熙等人賞識，得以被延為大學堂師教習。

一九〇四年一月十六日，陳介石到大學堂報到，十九日開講。因為到遲了，大學堂已請了一福建人講經學，陳介石只教史學。「每禮拜僅上堂三次，每次只一點鐘。束脩減去二分之一，每月僅得洋百元。張治初（即張百熙）極好，而大權盡歸監督，而監督又全無主張，教科大可整頓，所用惟一二日本人而已。」在大學堂教書沒幾天，陳介石給弟弟醉石彙報所見所聞，還發了一頓牢騷：「京城官場氣習臭不可耐。孫仲璵常與兄言：『京都有三無——無言可說，無事可做，無人可交。』信然！」次年三月，性格耿直的陳介石看不慣這種作風，與日本教習大爭了一場。他在致醉石的家書中說：「中國官場人均袒日人，我大怒，厲聲爭辯，幾至鬧到公使館。後以國事調和而止。我氣盛時乃有賁、育之勇。日人名服部宇之吉，權力甚大，全學堂事務均在他掌握，監督、提調但畫諾耳！自我與之爭，各學生見之無不壯氣，但同事必不喜，未免相形見絀耳！」

　　京師大學堂初仿日本學制，所以請了不少的日本教習。而且，這所某種意義上的皇家大學一定程度沿襲了科舉那一套。因此，嘗試「新教育」必有阻力。就拿陳介石來說，他在京師大學堂所編教材《中國史講義》，曾因「提倡民權」而遭到焚毀。

　　一九〇四年十一月，張百熙奏派陳介石兼任學部京師編譯局編纂。一九〇五年六月，戶部又派充他為京師大學堂譯學館教習。身兼數職，陳介石「益忙無暇」，連溫州知府錫綸、溫處學務分處總理孫詒讓請他來溫商量整頓中學，亦不能分身。

　　一九〇六年夏秋之交，陳介石被派往廣東辦理學務，暫別京師，直至辛亥革命成功後的第二年才復適京，重執教鞭。此時，京師大學堂已改名北京大學。

　　一九一五年入北大讀書的馮友蘭，對深受同學們尊敬的陳介石印象猶深：「他給我們講中國哲學史、諸子哲學，還在中國歷史門講中國通史。據說，他是繼承浙江永嘉學派的人，講歷史為韓侂冑翻案。他說，到了南宋末年，一般人都忘記了君父之仇，只有韓侂冑還想到北伐，恢復失地。他講的是溫州那一帶的土話，一般人都聽不懂，連浙江人也聽不懂。他就以筆代口，先把講稿印出來，當時稱為發講義。他上課的時候，登上講臺，一言不發，就用粉筆在黑板上寫，寫得非常快，學生們抄都來不及。下堂鈴一響，他把粉筆一扔就走了。妙在他寫的跟講義上所寫的，雖然大意相同，但是各成一套，不相重複，而且在下課鈴響的時候，他恰好寫到一個段落。最難得的，是他有一番誠懇之意，溢於顏色，學生感覺到，他雖不說話，卻是誠心誠意地為學生講課。真是像《莊子》所說的『目擊而道存矣』的那種情況，說話倒成為多餘的了。」陳鍾凡也有相似的回憶：「介石先生授溫州語，非吾輩所能盡了，而先生們每至教室，揮粉急書，累千百言，一聞鐘聲，戛然而止，錄出讀之，洋洋灑灑，韓潮蘇海，無以為過。」

陳懷

陳介石的普通話很瘸腳。當年宋恕致函孫寶瑄時就曾直言陳介石短處有二：一是不會普通話，二是書法極劣。徐志摩筆下記錄了陳介石說普通話的一段趣聞：「兩人客北地者，往往苦於言語；初學京語，其荒謬有足捧腹者，陳介石先生是也。先生以南人所稱之面布面水，北人概稱臉布臉水，遂據說文通假之例，以為麵食之麵，當讀亦如若臉。一日，入飯舍，昂然謂傭保曰：『要雞絲炒臉，』傭保辭不省，先生頓足曰：『焉有北京人不懂雞絲炒臉者。』一時傳為笑談。」天不怕，地不怕，就怕溫州人說溫州話。真難為了這些學生。馬敘倫小時候曾在溫州生活，所以他不無得意地說，「他老一口溫州話，我們初初也真不懂得，可是我佔便宜了」。在粵時期，陳介石應黃節之邀在南武公學講學，前後五期，聽者數千。此次講演，「闡明躬行實踐的經世致用思想，在廣東學界產生深遠影響」。可惜陳介石的溫州話難懂，只好邊講邊錄，印成《南武講學錄》發給到會人員。第一期，即是馬敘倫所錄。陳介石的溫州腔，固然難懂甚至令人發笑，但這也恰恰構成了老北大

的某種獨特魅力。而且，這並不影響他在學生心目中的地位，比馮友蘭、陳鍾凡早幾屆的學生宋琮説：「聞諸同學曰：我國自有大學以來，講師將千人，未有瑞安陳先生右者。先生學通古今，曠代一人。每當講畫，批卻道窾，循循然善誘人，故門弟子受化最深，感慕亦最切，當冬夏假日，先日歸省，門弟子必來送別，先生與處一室，歡若家人。」

陳介石病逝，接替他史學教授位置的是陳懷。

陳懷，字啟明，後改字孟沖，也作孟聰，號辛白，一八七七年生，是陳介石的侄子。他天資聰慧，深為陳介石器重，盡傳平生所學。據説，陳介石在溫時，向他求教的弟子很多，經常忙不過來，都囑先向陳懷求解。從陳介石家書來看，陳懷還參與過陳介石某些著作的編撰。從在上海辦《新世界學報》開始，陳懷就跟在陳介石的身邊，歷任學部編譯局分纂、兩廣方言學堂文科教習等。一九一三年，他以考選知縣，被派至山西。在晉五年，安定社會秩序、興辦學校，深得人心。陳介石去世，辭職回家守喪。蔡元培聞訊，即聘請他為北大教授。「在校六年，士仰其學，一如介石先生」。陳懷是清史學科開創性人物，其史學講義《清史要略》、《中國近百年史要》不僅是較早的清史斷代史，而且所論「在政治立場、指導思想、學術內容、體例形式等方面都與傳統史學不同」。陳懷在北大編撰講義過勤，得了眼病，後來又患了軟腳病，但他卻是個敬業的人，絕不請假，一日暈倒在講臺上，從此一病不起。一九二二年六月二十二日，陳懷去世，享年四十六歲。次年一月，蔡元培與朱希祖、馬裕藻、馬敘倫等聯名發起追悼會。

陳懷的表弟林損，比陳懷早幾年就在北大教書了。一九一四年，林損任北大預科講師，一九一八年升為教授。陳介石故去後，所授諸子等課由林損代之。林損一八九〇年生，自小從舅舅陳介石學習，陳介石去廣東時，也把他帶在身邊，深得真傳。林損比陳懷

陳懷在北大的教材，雖然品相不佳，
如今也難得一見

學生批注陳懷的教材

小十多歲，他們雖是表兄弟，但是從學術傳承上講，卻有師徒關係。因此，林損自稱「受業外弟」。陳介石與林損曾同時在北大任教，此後，陳懷與林損同在一校。甥舅、叔姪、表兄弟，構成了「溫州學派」的核心鏈。

既然成派，必定有一定勢力。除陳介石、陳懷、林損外，當時至少還有林次公、章獻猷、孫詒棫、許璿等溫州人在北大或任職或執教，而陳介石弟子除馬敘倫外，則還有倫明、陳寶騏等。其中，林辛，字次公，是林損的哥哥，與林損同年到北大任教，其子林尹是黃侃高足；前清舉人章獻猷，字味三，號士荃，曾任民國第一屆國會議員，時為北京大學職員；早年留學日本的孫詒棫是孫詒讓的堂弟，曾任清史館編纂；畢業於東京帝國大學的許璿是農科教授；京師大學堂畢業的倫明是法科教授；陳寶騏在兩廣方言學堂從陳介石學，以廣東高材生補為北大法科教員。一九一八年初，蔡元培為改善校風發起進德會，馬敘倫、陳懷、林損、章獻猷、孫詒棫都是甲種會員；六月，章獻猷還當選為進德會糾察員。

其實，這個陣容早在陳介石主政兩廣方言學堂時就已基本形成。當時，除了馬敘倫畢業於養正學堂外，還有周繼善，龔壽康，他們分教英文和美術；倫明擔任教務長兼經濟科教程，陳懷、章獻猷是文科教員，另有高誼、林公任、黃公起、林濤等，共十多位溫州人。

無疑，陳介石是「溫州學派」的核心人物。老師到了哪裡，弟子就跟到哪裡，鄉里鄉親也帶到哪裡，同一學術觀點的朋友就站在哪裡。這種同門、同里、同派系的圈子文化極富中國特色，沿襲至今仍不乏市場。就連蔡元培擔任北大校長，與國會裏的浙江同鄉、教育部內的改革派的積極策劃不無關係。所以，蔡元培任期前後，浙江籍教員占「半壁江山」也沒有什麼可奇怪的。蔡元培與溫州人的關係也非同一般，與陳介石早有交往，章獻猷則與他同年中試，交往甚深，蔡元培尊稱其妻、畫家張光為「年嫂」。

但胡適對「溫州學派」印象深刻，還有個原因是相對余杭章太炎派職員而言的。馬裕藻、錢玄同、黃侃、康寶忠、沈兼士等章門弟子濟濟一堂。與陳介石差不多時候進北大教書的沈尹默也是沾了章太炎的光，他回憶：「當時，太炎先生負重名，他的門生都已陸續回國，由於我弟兼士是太炎門生，何、胡等以此推論我必然也是太炎門下。其實，我在日本九個月就即回國，未從太炎先生受業。」何、胡分指何燏時，胡仁源，是當時北大的負責人，章門弟子來北大大多是他們所邀。為什麼他們要對沈尹默們伸出橄欖枝。沈尹默毫不諱言這是「新舊之爭」。京師大學堂復辦到嚴復出任北大校長，文科素是桐城派古文家的勢力範圍。而隨著章門弟子的相繼到來，逐漸為推崇魏晉文風、注重訓詁考據的學風取代。毋庸置疑，在這場推陳出新的運動中，「溫州學派」也是其中一股不可小覷的力量。蔡元培到任，以章門弟子為代表的新派勢力已經很大。蔡元培向湯爾和問北大情形。湯爾和說：「文科預科的情形，可文沈尹默君；理工科的情形，可問夏浮筠君。」可見一斑。

湯爾和還對蔡元培說：「文科學長如未定，可請陳仲甫；陳君現改名獨秀，主編《新青年》雜誌，確可為青年的指導者。」接下來的北大發生的故事，即如大家都瞭解的新文化運動的崛起。蔡元培《我在教育界的經驗》曾述及這場改革：「舊教員中如沈尹默、沈兼士、錢玄同諸君，本已啟革新的端緒；自陳獨秀君來任學長，胡適之、劉半農、周豫才、周啟明諸君來任教員，而文學革命、思想自由的風氣，遂大流行。」

　　一九一九年一月，深受陳獨秀、胡適等影響的北大學生傅斯年、羅家倫等發起新潮社，出版《新潮》雜誌，為新文化運動鼓與呼。而另一些學生俞士鎮、張煊等，「慨然於國學之淪夷，欲發起學報，以圖挽救」，在劉師培、黃侃等人指導下，組織了國故月刊社。三月，《國故》月刊出版，林損、馬敘倫、黃節等赫然名列編輯。成員中還有一位北大學生伍一比，即伍叔儻，是溫州人。

　　這一回的「新舊之爭」，章門弟子陣營出現分化瓦解，黃侃從原來新派人物淪為舊的勢力，由於林損、馬敘倫等加入國故社，「溫州學派」也被陳獨秀、胡適們視為舊派人物。

　　黃侃曾說：「化之文野，不以強弱判也；道之非韙，不以新舊殊也。」國故派對陳獨秀、胡適們強分新舊最為不滿。對此，蔡元培雖然認為：「我素信學術上的派別，是相對的，不是絕對的；所以每一種學科的教員，即使主張不同，若都是『言之成理持之有故』的，就讓他們並存，令學生有自由選擇的餘地」，但舊學大勢已去，儘管劉師培、黃侃、林損、馬敘倫等極力論爭，無奈落花無情，隨著劉師培的病故，《國故》雜誌只匆匆出版四期，即告停刊。

　　直到晚年，胡適還想起「溫州學派」，恐怕是因為林損。陳介石、陳懷相繼離世，林損撐起了北大「溫州學派」的局面，當然還有馬敘倫。五四前後，林損曾與黃離明等組織漢學研究會，創

北京大學文科門一九一八年畢業照

辦《唯是學報》，倡言復古，與新文學運動論戰，《漢學存廢問題》洋洋灑灑數萬言，指出白話文不可行，共二十五事。一九二七年，林損為東北大學所聘。一九二九年，重返北大。此時，林損在新文化的天地裏已近乎「怪人」。他對學生說：「考試時你們必須用文言文答卷，白話文我一概不看。」終於，一九三四年，北大內部調整，他與許之衡被解聘，奏響了這場「新舊之爭」的尾音，也給北大「溫州學派」劃上了一個句號。此前，朱希祖、馬裕藻也黯然離去。湊巧的是，那一年，農科教授許璇也去世了，次年，馬敘倫為這位交往了二十年的好友撰《故北京大學教授瑞安許叔璣先生之碑》。「溫州學派」成員接連凋落。而馬敘倫多次進出北大，時間最長，胡適自然要在「溫州學派」加上一個「後來，還有馬敘倫」。但馬敘倫一個人的力量，已難再支持「溫州學派」的氣候。

　　林損去辭，引起軒然大波。他寫信給胡適有「尊拳毒手，其寓於文字者微矣」之句，怎不令胡適印象深刻呢。然而北大「溫州學派」的沉沉浮浮，怎一個「新舊之爭」能囊括。正如陳平原所言：「北大校園裏的改朝換代，如何牽涉政治潮流、學術思想、教育體制，以及同門同鄉等具體的人事關係，遠非『新舊』二字所能涵蓋。」也許這就是所謂的歷史潮流吧。

周作人與永嘉松臺山人

一九二三年六月九日，周氏兄弟失和的前一個月，周作人在《晨報副鐫》發表了一篇批評永嘉松臺山人《日本語典》的文章。

在這篇文章中，周作人說自己「對於文法書有一種特殊的趣味」。「有一時曾拿了文法消遣，彷彿是小說一樣，並不想得到什麼實惠，不過覺得有趣罷了」。而這種趣味，「有一半是被嚴幾道的《英文漢詁》所引起的」。並指出，「日本文法在本國未必絕無好著，但中國沒有一本可以與《英文漢詁》相比的書卻是事實」。他舉例說，「梁任公的《和文漢讀法》大約是中國人所著書中最早的一種，即使有些缺點，其趣味與影響也不可淹沒」；「葛錫祺的《日語漢譯讀本》可以說是一部適用的書，雖然只足為課本沒有潛藏的趣味——然而與永嘉松臺山人的《日本語典》相比較，別的文法書都要算是做佳作了」。

我們都知道周作人講究趣味。他對於文法的趣味是因為「文法在教育上的價值，變化與結構的兩部，養成分析綜合能力，聲義變遷的敘說又可以引起考證的興趣」。當然，周作人的趣味不會僅在於此。「於實用上進而為學問的研究，裨益當非淺鮮，如或從別一方面為趣味的涉獵」，才是他贊同和主張的。而《日本語典》卻是「太有趣味了」，超出了文法書的範圍。

《日本語典》

周作人説：「《日本語典》中的規則及説明都有所憑據，沒有什麼錯誤，到了所舉的實例裏便匪夷所思的奇妙了。」在舉出書中第九頁、第二十六頁、第二十七頁、第六十頁、第一一四頁等多處具體錯誤後，周作人批評道：「這些獨闢蹊徑的『洋涇濱』日本語無論怎樣的適於國人，只是在日本不通用，也是徒勞。要學外國語只得自己去遷就他，不能叫人家來遵從我，這是很明瞭而平凡的事實，大家都應該知道的，《日本語典》的著者卻得在外國語來施展獨創，於是結果成了一部空前的浪漫的文法書了。」

文末，周作人説自己還曾批評過兩種講日本文法的書。「其中也有許多獨創的句子，其奇妙處非常相似，幾乎令人疑心三者同出於一人的手筆」。這另外兩篇批評文章，不難找，找到後篇即可知道前篇所在。一篇是〈評譯日文法〉，發表於一九二三年二月六日《晨報副鐫》，與《日本語典》一樣，未收入作者自編文集，而鍾叔河所編《知堂書話》均有收錄；另一篇題為〈三天〉，評《日文閱書捷訣》，作於一九二一

年七月，也登在《晨報副鐫》，收入《談虎集》。這兩篇文章中，周作人重複了一段話：「在現今奇跡已經絕跡的時代，若要做事，除了自力而外無可依賴，也沒有什麼秘密真傳可以相信，只有堅忍精進這四個字便是一切的捷訣。」評《日本語典》所說的：「要學外國語只得自己去遷就他，不能叫人家來遵從我」，比此有更深的意味。

對於周作人的批評，永嘉松臺山人「且感且悚」。他的回應文章，刊在同年六月二十二日《晨報副鐫》第四版「來件」欄目，題為〈答作人君之日本語典批評〉，逐條解釋周作人的質疑。在此恕不一一引用雙方對日文語法的具體爭辯了，誰是誰非，有待語言專家考證，不在本文探究範圍。但是，據說周作人的日語水平高於魯迅。止庵《周作人傳》轉錄了清水安三、谷崎潤一郎等人評價，其中谷崎潤一郎說，周氏講著「非常流暢的發音準確地道的日語」。他「沒有料到他的日語會如此出色」。〈答作人君之日本語典批評〉一文之後有《周作人附記》，顯然是《晨報副鐫》的編輯將永嘉松臺山人的文章轉於周作人了，並請他答覆。周作人又對他的疑問作了一番闡述，他自信他的批評是不錯的。周作人認為日本語是活語言，所引或不曾引出來的那些句子是否「洋涇濱日本語」，「凡日本人及懂日本語的中國人都是知道的，只要請問一聲便好，正不必空在紙上爭辯」。

《日本語典》，民國十二年二月初稿發行，每冊定價一元，編著者、發行者為永嘉松臺山人，校閱者湘西滄廬居士，印刷者上海華豐印刷廠，經售處上海銀行週報社，分售處上海商務印書館、上海時事新報館、上海至誠堂書店。是書封面設計樸素，只印有書名、編者、印行時間三行字。目錄頁署永嘉松臺山人初稿，版權頁鈐有「永嘉松臺山人之章」隸書朱文印。版權頁之後還刊印上海銀行週報社發售書目一頁。全書分上、下篇，上篇九章，一百八十八

頁，下篇三章，三十頁。正文前有序，為滄廬民國十一年十二月所作：「永嘉松臺山人本其多年研究之心得，編為日本語典一書並出以相示兼囑有所言。夫國人研究日本語言文字者，每苦無善本，間有一二日本人士為吾國學子編輯專書，或失之繁瑣或嫌其簡略，語典尤難得適用之，專書堪資研究也。永嘉松臺山人有鑒於此，因有是書之編輯，解釋既詳，舉例尤當，凡研究日本文字者，得此以進窺堂奧，其便利孰甚。又所異於群書者，則系為國人研究者而作，故體例與取材均以國人適用為依歸，以與其他諸書其編輯方法因各有異同，要能獨闢蹊徑而發揮其特長也。展誦之餘，爰書所見，以為序。」

是序沒有透露編者來歷一二，書中也找不到有關資訊，實乃遺憾。倒是《答作人君之日本語典批評》有所說明：「鄙人以日本文典，我國人編著者甚多，惟日本語典或語法，以我國文言編譯者，至今並無其書，不揣淺陋，即以多年研究之所到之得，倉卒成書。不敢以著述自命，篇首即曰初稿。原冀請於大雅之前，以待後日之改訂。其中差堪自慰者，凡日本語能由我國文言解釋者，一一舉出，俾便習日本語者之參考。」又說：「鄙人並未編著日本文法書，亦未見作人君所批評的兩種日本文法書，則一部空前的浪漫的文法書，不自鄙人始。不勝慶幸之至。」

《日本語典》出版後，《申報》、《時事新報》、《神州日報》、《銀行週報》、《大平洋雜誌》等均在第一時間予以推薦，其中以《銀行週報》的力度最大，不僅多次刊載署名滄水的介紹短文，還連續整版刊登目錄及轉載《神州日報》、《申報》、《時事新報》的評語。《神州日報》評語：「日本文易通，日本文難講。此為一般留日學生及國中考究東文之人所共感覺者。近年以來，中日兩國關係日見密切。日人之能操華語者亦日多，惟國人之能操日語者，則除若干老留學生及有言語天才者外，至今依然寥寥。此由

提倡者少，亦由於無良善之學校及完美之書籍也。永嘉松臺山人有
鑒於此，遊學東京時，著有《日本語典》，稿成未刊，最近訂正付
梓，由本埠香港路四號銀行週報社發行。此書於日語要旨發揮之處
不鮮，凡欲研究東文者，不可不人手一編。售價一元，價亦不貴。
昨承惠贈一冊，閱竟為之介紹於此。」《申報》評語：「永嘉松臺
山人曩年遊學東京，因鑒於國人研究彼邦語言文字，苦無善本。因
就研究之所得，隨時筆錄，積稿盈篋，著成《日本語典》一書。近
複重行訂正，並以付梓。每冊定價一元，託由上海銀行週報社代為
發行，內容極為豐美適用云。」《時事新報》評語：「國人習日
語，大多以彼邦人士所著之教科書為範本，其中編制與取材，未必
盡合國人之需求。茲有永嘉松臺山人，新著《日本語典》一書，於
日本語法，分類解釋，暢達明晰，而於國人研究日語時最要之點，
尤再三致意。全書一冊分二卷十二篇，都二百餘頁，現有本埠銀行
週報社、商務印書館及本館經售。」

　　而滄水的介紹則與《日本語典》序言大同小異：「吾國人研
究日本語言文字，每苦無善本，間有一二專書，或失之繁瑣或嫌其
簡略，其於語典尤難得之適用專書俾資研究。永嘉松臺山人曩曾
遊學東瀛，因有鑒於此，爰編《日本語典》一書，解釋既詳，舉例
尤當，凡研究日本文字者，得此以為參考，其便利實非淺鮮又所異
於群書者，則係為國人研究者而作，故體例與取材均以國人適用為
依歸，以與坊間所出各書，其體裁微有異同，要能獨闢蹊徑並發揮
其特長也。今略就所知，以為介紹。」這似可證明滄水與滄廬、湘
西滄廬居士為同一人。滄水即徐滄水，查同濟大學出版社一九九一
年十二月出版的《中國商業大辭典》：「徐滄水（一八九五─
一九二五年），中國早期合作社思想傳播者。原為新聞界人士，曾
任《民主報》編輯，主辦實業編輯社。一九一六年在南洋商業公學
任教後，開始宣傳合作社。先後發表了《說產業公會》、《消費

公社與百貨商店》、《平民銀行之商榷》等宣傳合作社的文章。
一九二〇年被選為上海合作同志會委員。」該介紹甚為簡陋，只說
徐滄水合作社思想一項。其實，一九一七年，《銀行週報》創辦
時，徐滄水即參與其中。據一九二六年第八期《銀行週報》刊載的
《徐滄水先生哀輓錄》，徐滄水名嗣唐，字伯陶，以號行，世居湖
南長沙，一九一八年赴日本調查經濟組織及鑽研經濟學，一九二〇
年歸國任《銀行週報》總編。在他家屬所捐贈給銀行週報社的徐滄
水藏書中，有《日本語典》一冊。嚴格意義講，長沙並未屬於湘
西，有可能是徐滄水祖上從湘西遷至長沙，故落款湘西滄廬。

那麼，永嘉松臺山人又是何人呢？永嘉乃浙江溫州舊稱，松臺
山為當地名山，婦孺皆知，唐高僧永嘉宿覺大師逝世後葬於此，故
有「宿覺名山」之稱。取「松臺山人」為號，很是普通。因此，一
定程度加大了考究的難度。但《申報》、《時事新報》、《神州日
報》的評語說永嘉松臺山人曾遊學日本，又縮小了尋找的範圍。另
外，從與徐滄水的交往及和銀行週報社的關係來看，永嘉松臺山人
定是他們的同道中人。

溫州雖偏隅東南，但常有開風氣之舉。晚清民初，新學發達，
學生留日風尚興盛。留日學生浙江同鄉會光緒二十九年（即一九〇
三年）三月編《浙江潮》第三期，曾刊載〈浙江同鄉留學東京題
名〉。為同年三月調查結果，總人數一百三十人，其中溫州人十七
人。又有〈壬寅卒業諸君題名〉，總人數十七名，溫州人七名。據
胡珠生《溫州近代史》統計，自一八九八年至一九一一年，溫州留
日學生為一百三十五人，名列浙江全省之冠。而其中，後來與徐滄
水及銀行週報社關係密切的有兩人：黃群與徐寄頑。《徐滄水先生
哀輓錄》錄有他們的輓聯。黃群輓云：「計學探驪珠大著夙欽南史
筆，賦詞驚鵬鳥壯年共惜賈生才」；徐寄頑輓曰：「十年文字交舊
學商量深愧不才叨片席，八月膏肓病新居慰問何堪永訣競千秋」。

而且，從《日本語典》出版時間推測，與黃群、徐寄廎的留日及歸國時間吻合。

黃群（一八八三──一九四五年），原名沖，字旭初，後改字溯初，號朔門，別號小夢。早年習科舉，師從陳介石等人。一九○一年，赴杭州養正書塾就讀。一九○四年，自費留日攻讀政法，就讀于同文書院、早稻田大學。一九○八年歸國，應湖北法政學堂之聘，任教習兼翻譯。辛亥革命爆發，黃群積極回應。杭州光復後，黃群被推舉為浙江代表之一，參與制定《中華民國臨時約法》，投票選舉孫中山為臨時大總統。護國運動中，黃群襄佐梁啟超舉起「保衛共和」大旗。黃群政治生涯中最為人所稱道的一件事是，抗戰時期，策劃「高陶事件」，發揮了「幕後政治家」的作用。黃群不僅是一位有影響力的政治活動家，還是一位實業家、藏書家。民國初年，梁啟超任財政部部長時，受聘為顧問。棄政從商後，歷任上海通易信託公司董事長兼總經理、東區電話股份有限公司董事、甌海醫院董事長、甌海實業銀行董事長等職。黃群非常重視地方文獻的收藏。一九二八年起，黃群出資選刊《敬鄉樓叢書》，計四輯三十八種七十八冊。

黃群可能是《日本語典》的作者理由有：在湖北法政學堂教日文兼日文翻譯；通易信託公司是當時上海證券交易所第一號經紀人，在金融界地位可想而知，與銀行週報社的來往順理成章，且長期擔任《時事新報》社長；一九二一年，在松臺山下建成占地數十畝的別墅，名「松台別業」，故極有可能取「松臺山人」為號；黃群曾對他的朋友說起要寫一本有關日本語的著作，見劉放園一九三八年作《次韻小夢長吟篇》，其中有「著書究語源（君近精研日本語源，著為專書），參考殊淵博。今日事苦耕，他年定豐獲。書成商定者，我愧承先約」之句。

徐寄廎（左一）與友人在滬合影

徐寄廎（一八八二──一九五六年），字陳冕，永嘉人。浙江杭州高等師範學堂畢業後，與黃群同年東渡日本入東京同文書院、山口高等商業學院深造。一九〇五年回國，任職於溫處學務分處。一九一四年後，一直從事金融工作，長達四十年之久，曾任浙江興業銀行總經理、董事長，交通銀行官股董事，中國銀行商股董事，中央銀行常務理事、副總裁兼代總裁等職。徐寄廎參與創辦上海銀行同業公會、銀行週報社、上海票據交換所等金融機構，與杜月笙、虞洽卿等上海灘名流交誼甚篤，是一位富有傳奇色彩的銀行家，著有《最近上海金融史》、《泉幣拓本》。他與黃群關係非同尋常，留日期間曾共同建議成立溫處學務分處。黃群投身商界，更是互為倚仗。黃群策劃「高陶事件」是通過徐寄廎的牽線搭橋才得成功。黃群晚年鄭重把詩稿交由徐寄廎，黃群病故，徐寄廎等促成其詩稿出版。

溫處學務分處成立時，徐寄廎為管理部副主任並任日文譯員，於日語亦有研究。他與徐滄水及銀行週報社的關係按常理分析，比黃群更為密切。黃群當時任《時事新報》社長，若出版著作，一般會託本社經售，不必費周折請另一家報社幫忙。而徐寄廎是銀行週

報的創辦人之一，出版著作時在本社寄售更為合理。更為有利的依據有二：一九二四年第十二號《學生雜誌》，刊有署名江的《答直隸玉田渢聲君》一文，其中有「問：初學日本文典和語典的人，用商務印書館的《日本文典》和寄售《日本語典》（徐寄廎），合宜不合宜？答：可以用。」這裏明確指出《日本語典》的作者是徐寄廎。江即是楊賢江，字英甫，又名李浩吾，浙江餘姚人，生於一八九五年，卒於一九三一年，教育思想家，曾在商務印書館主持《學生雜誌》的編輯工作，著有《教育史ABC》和《新教育大綱》，《答直隸玉田渢聲君》一文後收於河南教育出版社一九九五年版《楊賢江全集》第四卷。團結出版社二〇〇五年版《中國國民黨百年人物全書》介紹徐寄廎的著作時，説「著有《最近上海金融史》、《日中字典》、《近代泉幣拓本》」。未知《日中字典》來歷何處，疑即《日本語典》，但從另一側面説明徐寄廎有此方面的著作。因此，筆者認為徐寄廎即永嘉松臺山人可能性最大。

如果徐寄廎就是《日本語典》的作者，那麼不能不提一下他與周作人同門師兄的關係。一九三〇年二月，章太炎曾為徐寄廎書寫「寄廎」橫匾時，論及徐寄廎曾從其講學。是匾「寄廎」兩字為篆體，跋曰：「寄廎二十餘年前嘗從余講學，轉而服賈。頃歲，屬以二字題其坐右。人生若寄本昔賢常語，然莊生云：仁義吾先王之遽廬。余願寄廎寄身於仁義而已矣。民國十九年二月章炳麟識。」此匾近年現於上海閔行區舊市，為一藏家所得。

周作人在批評《日本語典》的時候，不知是否知道作者原是他的師兄。

劉節在清華國學研究院

溫州的一位記者金輝退休後忙於「溫州學人訪談錄」，《劉節日記》才出版，即飛赴津門採訪劉節先生長子、日記整理者劉顯曾。我託他帶去一本鈐有劉節印的梁啟超《先秦政治思想史》，請劉顯曾鑒定是否為劉節先生舊物。

是書為商務印書館民國十二年一月初版，在序、目錄和正文首頁鈐有「劉節」朱文篆字方印，三處印章為同一枚。正文第一頁至第十頁，有紅筆點讀痕跡。在第一、二頁書眉有批註：「希伯來人Hebrew信封一神教，初居米索不達米亞，後移至巴勒斯坦，旋又入下埃及，備受苛虐。西元前一三二〇年有摩西索之歸巴勒斯坦，征伐赫人及諸族，建立國家。初置大僧使握政教之權，前一〇五五年改為王政，名王大闢，奠都□耶路撒冷，文治武功，彪炳一時，□□日廣。次王受羅門，奢侈專制，□苦重稅。前九五三年王卒，內亂頓起，國

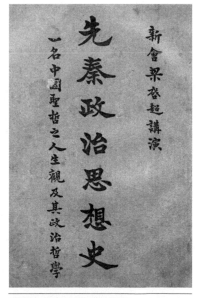

劉節藏《梁啟超先秦思想史》

劉節印和批注

分為二，南曰猶大北曰以色列。」原批註鋼筆紅字豎寫，無標點符號。因書角已受損，有脫字，以囗代。

書中提到「希伯來人」處為全書之首：「人類全體文化，從初發育之日起截至西曆十五六世紀以前，我國所產生者，視全世界之任何部分，皆無遜色。雖然我國文化發展之途徑，與全世界任何部分，皆殊其趨。故如希伯來人印度人之超現世的熱烈宗教觀念，我無有也。」

《先秦政治思想史》係梁啟超民國十一年在北京法政專門學校及東南大學之演講稿。自序曰：「初題為《中國政治思想史》，分序論前論本論後論之四部，其後論則自漢迄今也。」但因中途查出患心臟病，醫生勸其「宜輟講且省思慮，不則將增劇而難醫」。故此演講至本論部分為止。「因所講仍至先秦為止，故改題今名。」彼時劉節二十二歲，尚在上海商學院旁聽進修，無緣親聆大師教誨。

經劉顯曾辨認，這本《先秦政治思想史》是劉節清華學校研究院國學門所讀之書，其批註帶有明顯的清華時期特徵。故他特在書上題詞：「難

劉景晨與劉節夫婦等合影於北平

劉節一家上世紀七十年代攝於廣州

得見到此書，印、批註是我父的字，很珍貴。」二〇〇六年底，我在網上初見此書時，沒有見過劉節的印章，是否劉節藏書並無把握，查過幾本書，問過幾位熟悉劉家的朋友，也都無結果。現在想來，真是一種運氣，一種緣分。

劉節，字子植，號青松，一九〇一年生於溫州，一九七七年逝于廣州。其父劉景晨，係溫州錚錚名士，生平癖梅有氣節，拒曹錕賄選，稱頌一時。劉節的妻子錢澄乃錢稻孫之女。他們結婚時，楊樹達作詩相贈：「劉郎無意到天臺，卻向扶桑島嶼來。豔福幾人能不妒，雙雙攜手踏蓬萊。自從采藥神山去，徐福千年渺不回。今日萬人翹首看，童男童女一雙歸。」

一九一九年，劉節畢業於浙江省立第十中學。留校在圖書館工作至一九二二年，赴上海商學院學習。一九二三年，劉節考入上海

清華時期的劉節

私立南方大學哲學系，但因參與學潮被校方開除，轉入國民大學就讀。一九二六年，考入清華學校研究院國學門（即清華國學研究院），成為梁啟超、王國維、陳寅恪、趙元任諸人門徒。劉節讀梁啟超的這本《先秦政治思想史》，一方面是為了學習，另一方面很可能是借此增加對老師的瞭解。

劉節報考清華國學研究院時，登記的專修科目為中國哲學史，研究題目為中國古代哲學之起源。與劉節同期入學的有戴家祥、姜亮夫、謝國楨、陸侃如、衛聚賢等。其中戴家祥是他的同鄉，本早一年報考，但受家人所阻，第二年才得償所願。那一期考試，劉節得了第二名，而第一名是謝國楨。上一期，第一名是劉盼遂，第二名是吳其昌。劉盼遂、謝國楨同是河南人，吳其昌、劉節都是浙江人。戴家祥後來回憶，當時清華園有「狀元出在河南，榜眼出在浙江」之說。

劉節頗有乃父風範。與劉節同在上海私立南方大學、國民大學讀書，又一起考進清華國學研究院的王力，曾為這個時期的劉節作傳：「君待人

無貴賤，一接以禮視。友事若己事，藹然似長者，顧有言必吐，有憤必洩。友有論事不愜己意者，輒正色莊論相斥，眾謂之像煞有介事。像煞有介事者，通言故作態也。予則謂之小孩子，君亦樂以孩子自居。人既孩君，常故挪揄以觸君怒，君果怒怒未已，則人已笑相向，君又笑。君與友同居，數相詬誶而交誼彌篤，盛怒時則拍案戟指喃喃罵，驚其座人，人亦莫之怪。庶幾得全於天者，君之學問將有以自見於世故，不敘敘其性情。蓋君之小照僅能狀其靜貌，吾之文並狀其態度，覽斯文者，當覺儼然若接君之謦欬已。」此傳刊載在一九二七年國立清華大學校長辦公室編印的《清華學校研究院同學錄》上。是書存世稀少，難得一見。學者夏曉虹尋覓良久，才在吳其昌之女吳令華家得見，第一眼「只覺此書異常精美」。「藍色布面精裝的三十二開小書，三孔線裝，上有梁啟超題寫的燙金書名，濃重的北魏韻味，一如梁氏既往的題字端莊大方」。「該同學錄一百面，全部用道林紙印刷，師長與同學的照片均眉目清朗」。《清華學校研究院同學錄》現已收錄在三聯書店出版的《清華同學與學術薪傳》一書中。看劉節那幀，真有諤諤之士風采。

除了王力的撰述，當年主持編輯該同學錄的吳其昌還為劉節撰寫一段介紹，表達了對劉節學識的認可：「君名節，字子植，我

一九二七年國立清華大學校長辦公室編印的《清華學校研究院同學錄》

浙之永嘉人。永嘉自北宋周許劉鮑九賢傳河南程氏之學餘一千載，至於孫仲容先生，學問彬彬稱盛，君為能傳其學者。」劉節後來總結自己的治學思想的形成，說「於古代史之研究上受顧頡剛影響至深」。顧頡剛《古史辯》第一冊正是他入清華國學研究院那年出版。劉節在這個時期發表了幾篇有份量的論文，但多是考證文章，「並非疑古而破壞歷史，主要目的是為弄清史實，內容有關時、地、人等方面」。

一九二六年，劉節在《清華週刊》第二十六卷第一號發表《性相兩輪論》，又在上海《時事新報》，發表《實證哲學》，署名鑪秋。一九二七年，寫成研究生第一年的畢業論文《洪範疏證》，發表於《東方雜誌》；在《國學月報》發表了《釋皇篇補義》、《劉勰評傳》。一九二八年，寫成研究生第二年的畢業論文《好大王碑考釋》，發表在次年《國學論叢》二卷一期。

梁啟超對《好大王碑考釋》、《好大王碑考釋》頗為讚賞，為之題跋。他在《題〈洪範疏證〉》中寫道：「古書中真偽及年代問題以《尚書》為最糾紛難理。……《洪範》問題之提出，則自劉君子植此文始。劉君推定《洪範》為戰國末年作品，其最強證據如『皇』字之用例，如『聖肅謀哲義』五名之襲用《詩・小旻》……凡此皆經科學方法研究之結果，令反駁者極難容喙。其餘諸條，亦多妙處，亟宜公表之，以供學者之論難也。」在《跋劉子植〈好大王碑考釋〉》中，對劉節寄予厚望：「子植之於此碑，雖未敢謂已盡發其秘，然循此途以邁進，則金石證史之理想，庶著著可以實現矣。余既未專治此碑，於東史常識且極貧乏，愧不能有以補子植所未及或匡其舛訛，喜此篇之成，能為金石學界開一新路。」

梁啟超不僅在學術上給予劉節鼓勵，而且關心他的生活。周傳儒在《回憶梁啟超先生》中說，當梁師瞭解到清華研究院的學生都是自費的，生活有困難，就讓我們給松坡圖書館編目錄。他和謝國

槙、王力、劉節都曾參與了編目工作，每月得二、三十元到五、六十元不等。後來，梁啟超還介紹劉節到北平圖書館工作。

清華國學院每月舉行一次師生茶話會，討論人生或治學，「以收觀摩砥礪之益」。第一次茶話會上，梁啟超發表演說：「不能拿事情的大小來比較價值的高低，只要在自己所做的事業中做一個第一流的人物，便算了不得。諸同學出校後若作政治家，便當做第一流的政治家，不要做一個腐敗的官僚。若做學問家。便當做第一流的學問家，能發前人所未發而有益於後人。若做教員，便當作第一流的教員；中小學教員不算寒酸，大學教員不算闊；第一流的小學教員，遠勝於濫竽充數的大學教員。總之，無論做何事，必須真做得好，在這一界內必做到第一流。」這篇講話由劉節和陸侃如記錄整理，題為〈梁任公先生在清華研究院茶話會演說辭〉，發表在一九二六年《清華週刊》第六期。

姜亮夫《憶清華國學研究院》中記，他們進清華的第一節課是聽王國維講的。王國維講課「非常細膩、細緻，講的是《說文》，用的材料多是

清華時期的梁啟超

甲骨文，用三體石經和隸書作比較，這樣一來對漢字的研究方法細密了，而且還知道許多相關書籍」。周傳儒《自傳》中提到，王國維在研究院「講學甚勤，兩年之中，每週兩次，有時三次，開班講課，從不遲到，亦不早退」。先講《說文》，又講《書經》（《古史新證》），又講《儀禮》。劉節的學生李錦全《劉平先生生平及其治學述略》一文說，「王國維的治學對劉先生也有相當大的影響。如他讀過王著《古史新證》，才感到認識古史的真面目。他還說學會了甲骨文和金文，就不相信三皇五帝了」。可惜一代大師在一九二七年六月自沉頤和園。當時，劉節作為學生代表組織追悼紀念活動，有關輓聯、哀詞等由他收轉，並代表同學請陳寅恪撰寫紀念碑文。陳寅恪所撰「獨立之精神，自由之思想」至今為人稱道。

《陳寅恪的最後二十年》作者陸鍵東說，「如果說劉節在學業上更多地得益於梁啟超與王國維，在精神上與士人氣質上他得益於陳寅恪。」雖然，劉節在清華國學研究院師從陳寅恪只兩年，但後來卻與陳寅恪結緣最深，師徒共事於中山大學。逢年過節，劉節見陳寅恪，仍行跪拜禮，文革期間，代師挨批鬥，皆為佳話。

一九二八年秋，劉節在清華國學研究院學成畢業。次年一月，梁啟超亦病逝，自王國維後，清華園又一位大師凋零。劉節就讀期間，梁、王、陳、趙四大師俱在，正是清華國學研究院的鼎盛時期。日後，劉節享譽史界，道德文章為人稱頌，想來得益於這段經歷頗多。

時人日記裏的林損

二〇〇九年春天，溫州市圖書館盧禮陽問我是否願意抄錄時人日記裏有關林損的條目，作為溫州文獻叢刊《林損集》之附錄。那段時間我讀日記正津津有味，接此任務正可有的放矢，便欣然答應。翻讀胡適、周作人、吳虞、吳梅、黃侃、朱希祖、鄧之誠、吳宓、楊樹達、劉半農、夏承燾等人日記中，摘得一百九十餘則。近日，出版社寄來《林損集》大樣，盧禮陽囑為校對。通讀一過，又找出原書核對，不禁萌生將所摘日記分類歸納之意。

日記是座寶庫，鮮活文獻取之不盡，一般而言，不僅能見記主之神采，而且可證記主筆下人物事件之真相。因此，從時人日記裏看林損或可勾勒這位「怪才」鮮為人知的一些面目。

關於林損的行狀，早有其弟子徐英所撰《林公鐸先生學記》傳世，周作人《知堂回憶錄》專節回憶更是生動刻畫了他的性格，胡不歸、張中行等文章亦有涉及。我這篇只能算補白。

辭職風波

林損辭職離開北京大學，是北大新舊學派鬥爭的一個尾音。論者多以為是胡適、蔣夢麟之手腕。

張中行在〈胡博士〉一文指出，說胡適所為「也有不能令人首肯的，或至少是使人生疑的」。舉的例子便是胡適任文學院長的時候，林損的解聘。「自己有了權，整頓，開刀祭旗的人是反對自己最厲害的，這不免使人聯想到公報私仇。」

　　程巢父認為這是「張中行誤度胡適之」了。他說：張先生對胡適的理解並不深。「一是對胡適的著作讀得不多；二是寫此文之前，大概沒有通讀過一部《胡適年譜》，否則，張先生不會寫出關於林損解聘那一段話。」

　　李振聲在去年《書城》第三期發表文章，同樣用程文所引材料，反駁程的觀點。「無論從哪個角度講，林公鐸的被解聘，胡適必有脫不了的干係。」

　　「林損怨懟胡適這樁陳年公案」，至今還有市場。早在一九四二年，林損的學生薛凝嵩就和胡適的學生胡不歸為此打過筆墨官司。胡不歸《胡適之先生傳》，引用林損致胡適、蔣夢麟函，說明「這種『村婦罵街』感情衝動的行為，大失學者的風度」，薛凝嵩很為不滿：「學者之可貴，在氣節不在風度。假有人焉，光風霽月，汪洋萬頃，閣下視之必謂大有風度矣。倘其人阿附權貴，任人笑罵，僅圖權勢，不知廉恥，則此人縱曾讀破萬卷，亦無可取。仗義執言，以去就力挽學校舉措之失當，閣下竟以為大失風度，以為固執怪僻，以為感情衝動，如此顛倒黑白，阿私洩憤，閣下試思豈非感情衝動？豈非大失風度？」

　　其實，北大幾位「老」教授當時也把矛頭指向蔣、胡。

　　鄧之誠日記一九三四年四月十八日：

> 　北大蔣、胡數易馬幼漁及黃、林諸人。公鐸遂先起辭職，與書痛詆蔣、胡，騰諸報章，看來此事必有大波瀾也。前三

年，蔣之逐朱遜先，意即在孤馬之勢，特馬不知耳，然尚能免撐三年之久，馬亦倔強哉。

劉半農記來龍去脈更詳，言辭公允。

一九三四年四月十六日：

下午到一院上課，忽於壁間見林公鐸揭一帖，自言已停職，學生不必上課云云。殊不可解。電詢幼漁，乃知夢麟囑鄭介石示言公鐸，下學年不復續聘，你先為之備，公鐸遂一怒而出此也。以私交言，公鐸是余來平後最老同事之一，今如此去職，心實不安，然公鐸恃才傲物，十數年來不求長進，專以發瘋罵世為業，上堂教書，直是信口胡說，咎由自取，不能盡責夢麟也。

一九三四年四月二十日：

到馬幼漁處小談，夢麟已決定辭退林公鐸、許守白二人，並以適之代幼漁為中國文學系主任，幼漁甚憤憤也。

一九三四年四月二十六日：

下午到研究所指導學生作實驗工作。國文系學生派代表四人來見，謂林去已不成問題，馬已辭主任，仍允不辭教授，許則已知校中不再續聘為教授，仍願任講師。學生以其可憐，乞余設法，於允為轉達。

林損去職後，受黃侃之介，赴任中央大學。時早幾年受排擠的朱希祖（逖先）亦在南京。一九三四年十月十一日，朱希祖遇林公鐸，唏噓不已：

> 憶民國六年夏秋之際，蔡子民掌校，余等在教員休息室戲談：余與陳獨秀為老兔，胡適之、劉叔雅、林公鐸、劉半農為小兔，蓋余與獨秀皆大胡等十二歲，均卯年生也。今獨秀被捕下獄，半農新逝，叔雅出至清華大學，余出至中山及中央大學；公鐸又被排斥至中央大學。獨適之則握北京大學文科全權矣。故人星散，故與公鐸遇，不無感慨繫之。

　　而林損自始至終認為是胡適等新派人物作祟。吳梅日記一九三四年十一月廿日（西廿六）：

> 雨。早課畢歸。崇如新生子滿月，邀至後進屋午飯。余以兩股生結核，未敢多飲。席散，往訪林公鐸，同往劉三處長談。公鐸堅約小飲，因至益州飯店，自四時至七時畢。席間所談，皆北大近日事，方知朱逖先之南來，受傅斯年之紹；許守白之解約，出胡適之之意，而朱與許皆未知也。可勝浩歎。飲畢即歸，未及八時云。

　　但是，胡適對此並未作多解釋，其復林損函：

> 今天讀手示，有「尊拳毒手，其寓於文字者微矣」之論，我不懂先生所指的是哪一篇文字。我在這十幾年之中，寫了一兩百萬字的雜作，從來沒有一個半個字「寓」及先生。胡適

之向來不會在文字裏寓意罵人。如有罵人的工夫，我自會公
開的罵，決不用「寓」也。
來信又說：「頃聞足下又有所媒孼」，這話我也不懂。我對人
對事，若有所主張，無不可對人說，何必要作「媒孼」工夫？
來函又有「避賢路」之語，敬聞命矣。

旁顧左右而言他，模棱兩可。

查安徽教育出版社八冊《胡適日記全編》關涉林損僅一則。
一九三四年五月卅日：

> 商定北大文學院舊教員續聘人數。不續聘者：
> 梁宗岱　Hewvi Frei　林損
> 楊震文　陳同燮　許之衡

胡適晚年曾對胡頌平說：「公鐸的天分很高，整天喝酒、罵
人、不用功，怎麼會給人競爭呢？天分高的不用功，也是不行的。
章太炎、黃季剛他們天分高，他們是很用功的啊。公鐸當我面時，
對我很好，說：『適之，我總不罵你的。』」雖避而不談林損辭
職，可態度很明確，大致如同劉半農評論的，林損解聘，「咎由自
取」。

狂狷人格

查大象出版社出版的《周作人日記》，只提到為林損餞行。
一九三四年六月七日：

> 午至廣和飯莊應海秋之招為公鐸送行也。來者尚有潤章、聖章、兼士、耀辰、幼漁、介石、晦聞、丙辰等人。下午二時返。

　　但周作人回憶錄裏則有專節談林損，描寫林損狂和怪是很經典的：一天周作人在國文系的辦公室遇見林損，問在北大外還有兼課麼？答說在中國大學有兩小時。是什麼功課呢？說是唐詩。周作人又好奇的追問道，林先生講哪個人的詩呢？陶淵明。還有一則，一位名叫甘大文的畢業生拿起桌上一本北大三十幾周年的紀念文章，問林損：「林先生看過這冊子麼？裏邊的文章怎麼樣？林損微微搖頭道：「不通，不通。」一般人見此本可收場，但甘君還不肯甘休，翻開冊內自己的一篇文章，指著說道：「林先生，看我這篇怎樣？」林損從容笑道：「亦不通，亦不通。」這位甘君是胡適的弟子，能作萬言洋洋大文，應酬交際功夫也十二分「綿密」，可遇見林損就一敗塗地了。周作人說，林損的態度很是直率，有點近於不客氣。

　　嚴薇青《北大憶舊》裏也講到，有一次學生問林損：「現在寫文章最好的人是誰？」林損的回答是：「第一，沒有；第二，就是我了。」

　　夏承燾與林損同鄉，碰過兩三面。夏十二三歲時就讀《林損雜誌》，視林為「鄉里一異才」，尊為前輩。林夏無直接師生之誼，然而林對前來拜訪的邵潭秋說：夏與李雁晴「皆其門人」。

　　在夏承燾日記中，多處提到林損的狂。

　　一九二九年七月十九日：

> 坐湖濱，晤林公鐸。杲明來，謂此君近日語言甚妄，往時豪氣，漸銷沉矣。

一九三四年十一月廿六日：

> 過大石橋十號訪林公鐸，尚記昔年海晏同舟事。值其酒後，
> 見汪君書，讀首二句，即斥為不通。狂態猶如昔也。

一九三五年八月六日：

> 澄宇寄來論著集二冊，駁太炎廣論語駢枝一篇最好。各文於
> 梁任公、胡適之極口漫罵，稱林公鐸為本師，其言論一似公
> 鐸，博涉亦如公鐸。氣矜之隆，尤為一時瑜亮。

夏承燾將林損與馬敘倫比。一九三八年九月九日：

> 早往之江指導選課，晤馬夷初，近改名觶翰，鬚髮斑白矣，
> 殊和易，不似林公鐸之傲兀。

　　陳謐是林損的同鄉好友，很瞭解林損為人，曾作《林損傳》論
及狂，極有見地：「余嘗謂損生平嗜酒，人目以為狂而爭避之，然
損竟以此自免。夫損之狂，非以酒，蓋有道焉，非狂不足以濟其學
也。嗚呼，損真可謂善狂者矣！」

好評人事

　　林損特立獨行的另一面表現在好罵人，好評論，劉半農稱之為
「專以發瘋罵世為業」，不務正業。夏承燾也在日記談到，「其人
骨頭自硬，可入獨行傳，惟太好罵人耳」。
　　從所輯集的有關日記來看，林損評事論人，有如下幾方面。

指點江山。劉半農日記一九三四年三月三日：

> 下午至平安里王悅之家畫像，自二時至五時，僅打成一炭紋
> 草底。歸途至幼漁處閒談，而林公度亦至，聽其大發狂言，
> 凡十分時，即別歸。公度決無一句可取，惟罵戴季陶是國民
> 政府中第一大昏蛋，卻是不刊之論。

吳梅日記一九三五年五月十四日：

> 晴。早起，林公鐸（損）至，送我大麯酒一瓶，又言日本新
> 要求，蔣介石下野，王揖唐長財政，而行政院日日開會，且
> 無決議也。

說教育現狀。吳虞日記一九二三年十二月二十九日：

> 同林公鐸談，林云：北大學生，七年前二百人中死一人，現每
> 年二百人中死三人。從前全校學生，有花柳病者一、二人，現
> 則十分之三有花柳病。從前休學者少，現在休學者多。其休學
> 之原因，則家款做冶遊之用，而無錢再繳學費也。

　　當時，教授蓄妾、逛八大胡同並非新聞，林損說學生得花柳病
人數無法印證，但說明這種情況是存在的。
　　曝學界內幕。吳虞日記一九二二年十二月十三日：

> 馬夷初仍轉北大，講莊子哲學、文字形體，各三小時。林公
> 鐸言，夷初初從陳介石講《通典》、《通志》、《通鑒》、
> 《史通》、《文史通義》，謂之五通，後乃從章太炎講訓

話。又言太炎講學，純為反對康南海起，南海講今文學，太炎即講古文學；南海講公羊，太炎即講左傳，南海講董氏學，太炎即講周禮；後來孫詒讓著《名原》講形，太炎即著《文始》講聲，太炎初罵王陽明、黃梨洲，近又稱王、黃，蓋太炎始終一文學家，自己無一定之真正宗旨也。又言太炎初從譚仲修，後從孫鏘鳴（詒讓之叔），最後由宋平子介見俞陰甫。仲修曾及見龔定庵、孝羣，故太炎《訄書》，文體亦有近定庵者。

吳虞日記一九二五年正月十八日：

林公鐸來談，云太炎有王菉友稿本，其著書雖詆王菉友，而暗用菉友稿本，改頭換面而出之。其《文始》一書，則用陳蘭甫之條例也。

吳梅日記一九三五年三月十二日：

早起構思，作仲清母黃太君九旬壽序，正欲動筆，而林公鐸至，言黃季剛昨夜至渠處漫罵，以為公鐸不通，兩人於是破口。余聞之一歎。蓋公鐸弟子徐英，字澄宇，曾作《廣論語駢枝》，於章太炎有微詞。季剛以為公鐸所唆使，故有此舉。實則澄宇亦列季剛門下，未必有意詈太老師也。使太炎之言果無謬誤，則徐生之毀，亦等於叔孫武叔，何損日月之明？使其言果謬，雖百季剛亦不能箝天下士大夫之口。多見其器小而已。

罵人。罵劉半農。

吳虞日記一九二五年六月十一日：

林公鐸來談，極言劉半農之無恥無學，任教授一年半，因學生不上渠課，尹默乃運助出洋，實非例也。

罵錢玄同。吳虞日記一九二四年五月五日：

昨夷乘言，幼漁、公鐸、兼士皆與玄同衝突過。公鐸罵其卑鄙，陳介石罵其曲學阿世，孟壽椿言其出身微賤，傅斯年言其音韻學最使人頭痛，潘力山言其前諂事黃侃，後痛詆黃侃，又諂事陳獨秀、胡適之。玄同常到蔡子民處，當時人譏之曰：又到蔡先生處去阿一下，其人格尚可言哉！

此段所記林損罵錢玄同為戴夷乘轉述。戴也是溫州人。臺灣出版的《古今中外名人秩趣》一書卻有一段兩人直接交鋒的記載：

林損問錢玄同：「你教什麼科目？」錢玄同答：「音韻學。」林損說：「狗屁。」錢玄同火大起來，質問：「音韻學與狗屁有什麼關係？」林損笑著說：「狗屁也有音韻！」

劉半農、錢玄同與林損同是「卯字型大小」人物，都屬兔。胡不歸說，胡適回憶劉半農時，曾提起這段往事：「我與半農皆為以前『卯字型大小』人物，至今回憶起這段故事，令人無限傷感。緣半農與陳獨秀、林損及我皆為卯年生，我們常和陳獨秀、錢玄同先生等在二院西面一間屋裏談天說笑，因此被人叫作『卯字型大小』人物。『屬兔』，陳獨秀先生比我們大十二歲，即是比我們大一個卯字，他們叫他做『老卯子』，叫我和半農、林損諸人為『小兔

子』。現在我們『小兔子』的隊伍，逐漸凋零了。……」本來一群兔子，該和諧相處，但各有性格，文人相輕，便起了齟齬。

張中行《紅樓點滴》中，說林損也罵過胡適。「他照例是喝完半瓶葡萄酒，紅著面孔走上講臺。張口第一句就責罵胡適怎麼不通，因為讀不懂古文，所以主張用新式標點。列舉標點的荒唐，其中之一是在人名左側打一杆子（案即專名號），『這成什麼話！』……」

打抱不平。吳梅日記一九三四年八月廿三日：

> 早赴校課畢，晤林公鐸，言劉半農之死，北大撫恤萬五千金；劉子庚死後，校中未恤一金，言之大為不平。余亦不勝憤慨。

劉子庚名毓盤，浙江江山人，曾中舉人，一九二○年出任北京大學教授，一九二七年去世，主要著作有《詞史》、《詞律斠注》、《詞學斠注》、《嶮椒詞》等，錢南揚、唐圭璋曾從之學詞。據說，劉「一生專心治學，生活儉樸，不善理財，卒後無以為葬。友人為其整理書籍，發現書內夾有散亂銀票，數以萬計，方能處理後事」。林損富有同情心，劉去世多年，仍為校方不予恤金抱不平。

無餐不飲

林損好酒善飲，近乎無度。他只五十歲便去世了，與嗜酒傷身有很大關係。

吳梅弟子盧前有筆記一則記林損，乾脆以《酒人林損》為題：「近人鄉下酒人，以予所見，以公鐸先生第一。……予未嘗

與先生共席，不知其酒量，但見其眼鼻均中酒氣，意必無餐不飲者。」

中華書局版《黃侃日記》三冊，有關林損七十八則，其中涉及酒事，或受邀，或招飲，竟有十六則。

林損醉酒有三則。一九三二年五月五日：

> 夜公鐸乘醉來，予亦醉矣，妄言殊多，宜戒。

一九三五年六月十八日：

> 公鐸忽乘高車來，須臾即去，又大醉也。

最嚴重的是一九三四年中秋節：

> 夜月明甚，正與諸生談，忽公鐸自溫州來，下火車時以過醉墜於地，傷胸，狀至狼跋，急令田引往醫坊叩門求診，紛紜至夜半，又送之至石橋。似此縱酒，宜諷諫者也。

車站昏倒，連周作人的回憶錄都有記載，想必傳聞很廣。

對於林損飲酒，黃侃擔憂，並常勸戒。周作人說，林損喝劣質酒，黃侃曾當面訓斥：「這是你自己在作死了。」

黃侃日記，也有記載。一九三二年二月廿三日：

> 公鐸、楚珩來（公鐸甘酒，略無醒時，可慮）。

一九三四年十二月十日：

林公鐸縱飲，諷諫之。

在黃侃的日記還提到，林損因目疾、心疾，多次住院。
夏承燾日記也有類似記錄。一九三六年二月廿二日：

接一帆函。謂林公鐸近日嘔血升許，飲酒不輟。

不單如此，還殃及下代。吳梅日記一九三五年八月十三日：

林公鐸有恙，往訪不值，見其幼女，云是神經錯亂，此沉湎於
酒之故也。惟住中央醫院（二百九十一號），則頗為代憂。

「何以解憂，唯有杜康。」林損是想借酒抒懷罷了。他有一
組《飲酒雜詩》，十四首，表達了心志。「三杯通大道，此意竟誰
知。酒以鼓情性，發情為言辭。出好復興戎，惟酒斟酌之。心齊口
自飲，萬籟任所吹。」「眾醒我獨醉，眾清我獨濁。我酒亦滄浪，
澆胸如濯足。哀哉屈靈君，振衣奮高躅。離騷空爾為，天問猶可
續。」「一飽費經營，一醉亦何有。拍浮了一生，此腹呼負負。不
薦黍稷馨，但藏曲糵垢。原焚酒德頌，洗心為止酒。」
吳虞日記一九三二年全月初三日：「作詩寄林公鐸。」其中有
一句：「悲歌難遣情懷惡，笑罵翻憐醉語真。」馬敍倫輓林損詩有
云：「可憐一世文章伯，中酒傷貧入九泉」，均堪稱知己之言。

經濟拮据

吳宓與林損的交往，主要在一九二五年、二六年、二七年三
年。吳宓還和林損合租過北京按院胡同六十五號。

「按院胡同坐落在太平橋畔，它的右邊是學院胡同，左邊是彎曲的興盛胡同。這條胡同裏住過很多現代史上的大人物。」藏書家謝其章在《按院胡同輓歌》一文中描述：「五號大院住過新中國第一任人民銀行行長南漢宸，他家的車庫門正對著人來人往的胡同，南漢宸搬走之後住進去的是最高法院院長江華，審判『四凶』的時候江院長特忙。」邵燕祥也寫過一篇《按院胡同》，講解放初期和幾個進步青年在胡同西口辦文藝雜誌。

讀《吳宓日記》記林損，最大的感受是林損生活清貧，經濟拮据。

吳宓對林損的第一印象頗好。一九二五年八月十六日，吳宓到按院胡同六十五號拜訪林損，未遇。八月二十二日下午，再訪。「談久，甚佩其人。此真通人，識解精博，與生平所信服之理，多相啟發印證，甚慰。」

一九二六年七月，林損打算送家眷南歸故里。原因就是經濟困難。這樣一來，可以減少租房費用。林損知道吳宓尚居無定所，便邀請他來「共居」，「並願以木器什物及廚中用具等一切見假。」吳宓在七月二十三日日記寫道：「得此意外機緣，一切均便利，殊自慶倖。」

接下的幾天，就是磋商詳細條件了。林損委託其門人孫海為代表與吳宓談。

吳宓方願出四分之三或三分之二之租金及雜費（如電燈、電話等），而林損方面「堅不允，必欲兩家平分，各出費之半」。林損「堅執半費之議」，吳宓只好同意，於七月三十日「以二人力車，載行李若干」，入住按院胡同六十五號。

居住不到四個月，吳宓遭遇停電之苦。一九二六年十一月二十日日記：

二時，歸按院胡同寓宅，知電燈竟為電局拆去電錶，停止電流。因林損欠費一年不付。然林君日前尚領到二百四十元，又借宓四十元，乃不償舊欠而悉數滙回原籍。宓既代出寓中房租等項，又不能享同居應有之權利，實為失算。甚矣，文人之不重行事，不顧他人之利害也。如宓之熱誠急難，遇事犧牲，幾何不處處吃虧也哉！

從「慶幸」到「失算」，吳宓的心裏落差可想而知。

其間，林損還兩次向吳宓借錢。一九二六年十月十日：

林損函宓，欲借三百元之鉅款，不能應。

一九二六年十一月七日：

晚晤孫海，出示林損函，二次向宓借款。宓允借四十元。

從吳宓十一月二十日日記可知，林損當時在北京大學的月工資大概是二百四十元。東北大學來函聘為國學教授，月薪二百八十元，林損「甚喜，決即前往」。所以，可以推斷林損第一次離開北大，很大程度上是為了這增加的四十元工資。

陳明遠寫過一本《文化人的經濟生活》，討論民國時期文化人的收入問題。他說，五四前後北京大學的教授月薪，本科教授自二百八十至一百八十元，預科教授自二百四十至一百銀元。胡適、陳大齊、朱希祖、陳漢章、辜鴻銘等人是一級教授，月薪二百八十銀元。二級教授月薪二百六十銀元。周作人、錢玄同、馬裕藻等人是三級教授，月薪二百四十銀元。而林損、吳梅等人是四級教授，

月薪二百二十銀元。另一位在北大的溫州人陳懷是五級教授，月薪二百銀元。黃節等人是六級教授，月薪一百八十銀元。

那麼，這個收入在當時是什麼樣的水平？陳明遠說：「二十年代，北京生活便宜，一個小家庭的用費，每月大洋幾十元即可維持。如每月用一百元，便是很好的生活，可以租一所四合院的房子，約有房間二十餘間，租金每月不過二十多元，每間房平均每月租金約大洋一元。可以雇一個廚子，一個男僕或女僕，雇一個人力車的車夫；每日飯菜錢在一元以內，便可以吃得很好。有的教授省吃儉用，節省出錢來購置幾千元一所的房屋居住；甚至有能自購幾所房子以備出租者。」

再舉南方商務印書館的例子，一九二一年國內大學畢業生到該館工作，起點月薪是六十銀元，以後一般每年增加十元或二十元。資深編輯的月薪是一百至二百銀元。

由此可見，林損的二百二十元或二百四十元的工資，算得中產階層以上。那為什麼是還要向人借錢，甚至付不起水電費。對此，在吳宓日記中，已有所指：「悉數滙回原籍。」讀林損一九三二年至一九三三年寫給女兒林守田的信，更可知林損擔負著一個大家族的生活開支。

二月廿六日函：

> 此間無大艱險，唯慰勞前方將士，例須派捐，學校扣薪半年，房租增收一倍，合計大洋三千餘元耳。此非余獨攖其咎，同事蓋亦然也。維持生計，賴之學生數人，黽勉將就，可無饑餒。家中各款，正在設法籌措，有錢即寄，希稟請祖母大人放心為要。

三月十一日函：

北京大學昨發欠薪支票一千元，付款之期約在五年以後，是
時汝年亦二十矣。此蓋政府當局欲為予先儲贈嫁金也，一
笑！河南某學生寄來夏布二匹，甚精緻，擬染一匹寄呈祖母
大人為禦暑之服。祖母常以予無衣為念，此來則受遺衣料甚
多，口體之欲亦有數存乎其間耶？月內可籌寄三百金，平津
安謐無慮。

瑞安老家人口眾多，單靠一人之力維持，林損何堪？難怪常為
寄錢回家之事焦頭爛額了。無奈之下，只好買便宜的劣質酒解饞，
跳槽以增收入。

從上信可見，林損是個孝子。這使我想起《溫州都市報》採訪
林損親戚陳鎮波的報導，回憶了林損的一段軼聞：「一九一八年，
他曾考上赴德國公費進修的正取資格，而後來成為國民黨宣傳部長
的朱家驊為備取，但朱很想去，於是託人對林損進行勸說。他們就
以到國外無法照顧養母為由，勸他放棄。一旦說到養母，他時常會
流淚，人家這麼一說，擊中要害，他也就放棄了。」陳鎮波說：
「如果他去德國留學，他的命運也許不是這樣的。當然歷史是不能
假設的，我說的只是一段小插曲。」

身後之事

一九四〇年八月二十六日，林損病逝於瑞安。楊樹達在九月
十五日《大公報》獲悉，在當日日記寫下：

昔寓北平，與公鐸過從頗勤。有文字之好。聞其不祿，為之
太息。

林損送給楊樹達的一本書

楊樹達與林損有贈詩贈書之交。楊樹達一九二五年十二月十一日日記：

> 瑞安林公鐸（損）贈詩，贊漢書補注補正。

偶翻柯衛東《舊書隨筆錄》，知其五十元收藏到風雨樓版《天遊閣集》，為林損贈楊樹達，上有林損題：「遇夫先生惠存，損敬贈。」並朱文「公鐸」印一枚。

《積微居友朋書箚》錄有一通林損致楊樹達函。

夏承燾在九月六日《申報》讀到林損逝世的消息，感慨萬分。在當日日記寫道：

> 此公晚年耽酒，殆荒其素業矣。予平生與彼但兩三面，往年見於南京，聽其滔滔背莊子，只手把杯，搖搖欲墜情景，宛然在目，不意遂為最後之別。

在隨後的夏承燾日記中，還記有林損身後事，涉及公葬和遺著整理等。

一九四一年二月十日：

報間見某君筆記，記林公鐸事。謂其治諸子能探理窟，不喜考據，紹永嘉學之墜緒，獨立於三百年風氣之外。有叔苴閣叢書，自為之序。近其弟子徐英為之編纂，未知成否也。

一九四三年二月十九日：

午後，瑞安洪鶴瑞來，留宿江冷處，談林公鐸事，甚可惜。國府近定公鐸公葬。

一九四三年八月二日：

朴莊來談林公鐸公葬事。

一九四四年一月廿九日：

閱溫州中學校刊董樸垞所為紀念林公鐸文，公鐸論永嘉學一篇，謂無心性不足為經制，甚好。其所著書三四十種，僅見政理古微一種。

　　林損去世，國民政府主席林森頒令褒揚，曰：「前國立北京大學教授林損性行英邁，學術湛深，曩年參加革命，奔走宣傳，不辭艱苦，嗣即努力教育，潛心著述，於政學理，多所闡揚，夙為後進欽響。」張學良則親筆書寫輓幛「人師、經師、國學大師」，表示哀悼。
　　一九四三年四月，于右任、朱家驊、陳立夫等建議，公葬於瑞安前韓山之麓。

我在《中央黨務公報》第五卷第三期檢索到一則《撫恤林損同志》：

> 林公鐸同志早歲與宋漁父黃克強諸先烈奔走革命，嗣任北京大學教授二十餘年，著作宏富，抗戰中興，教育部聘為特約編纂，努力撰述，憂國傷時，遽與世辭，經國府明令褒揚，複經中央第一二七次黨會決議特給一次性恤金三百元。

劉永濟曾對程千帆說起：「大家都以為公鐸只會使酒罵座，可是我和他在東北同事，看到他每到冬天必然溫習經書。」林損少有才名，著有《林損雜誌》、《倫理正名論》、《政理古微》、《中庸通義》、《老子通義》、《辨墨》、《莊子微》、《中國文學講授發端》、《文學要略》、《永嘉學派通論》、《甌音變遷略論》等數十種，總集為《叔苴閣叢書》，多未刊行。有意思的是一九一八年四月十五日出版的《新青年》第四卷第四號雜誌，還發表有一首林損的新詩《苦樂美醜》：「樂他們不過，同他們比苦！美他們不過，同他們比醜！『窮愁之言易為工』，畢竟苦者還不苦！『糟糠之妻不下堂』，畢竟美者不如醜！」

林損的學生徐英並沒有如夏承燾所願編就《叔苴閣叢書》。

直到二〇〇二年，臺灣讀冊文化事業公司出版了《林公鐸先生全集》，分為專著、文錄、詩錄、附錄四冊，及林損先生年譜，可惜只出了二冊就擱淺了。此全集由陳鎮波整理。他的妻子王梓秀是林損大哥林次公的外甥孫女，林尹的外甥女。他們稱林損為二公。「溫州文獻叢刊」啟動後，《林損集》列入出版計畫。《林損集》有一百十萬字，首次收錄林損女兒提供的的家書兩百多封。去年四月二十八日，這批家書及林損遺作手稿等共有九百六十多件，已悉數捐贈給瑞安文物部門收藏。

　　我本不認識常住在上海的陳鎮波老人，只知他為地方文史做了不少事情，如完成《厚莊日記選編》、《劉紹寬詩文選注》等。八十多高齡的陳老，不通電腦，住的地方離上海圖書館較遠，所以盧禮陽交代我把涉及林損內容的日記摘出來，由此我得以在去年四月召開的「《溫州文獻叢刊》編輯出版座談會」上與遠道而來的陳老見了一面，後來通過幾次電話。去年十月黃金周放假後上班，驚聞剛剛喬遷新居的陳老於四日歸道山，未能親看《林損集》正式出版，真是一件令人遺憾和痛心的事。

異人鄭曼青

新得一冊線裝《玉井草堂詩》，鉛字排版，五十年代初作者鄭曼青自印於臺灣，五十頁。雖非古籍善本，但對我這個有收集鄉邦文獻嗜好的人來說，卻彌足珍貴。

鄭曼青，少有「神童」之譽，曾投在江南名儒錢名山門下，三年不出寄園，潛心向學。

他的書畫，別開生面，當年聲名之重，不下於張大千，宋美齡晚年拜他為師學畫。

他是太極名師楊澄甫的弟子，得其要旨，創「鄭子太極拳三十七式」，武藝超群，英軍軍官訪華時與之切磋，驚歎：「君之臂是鐵否？」

他又是杏林高手，懸壺濟世，人稱「鄭一帖」。

《玉井草堂詩》，線裝鉛字排印，二十世紀五十年代初作者鄭曼青自印於臺灣

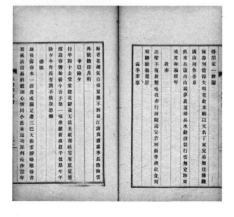

鄭曼青一生傳奇，人稱「詩書畫醫拳」五絕

我久聞鄭曼青一生傳奇，人稱「詩書畫醫拳」五絕，正可借此書追尋悠悠往事。

我後荷花一日生

玉井草堂是鄭曼青的齋名。

西嶽華山西峰腳下鎮岳宮院內有一深潭，名玉井，深十丈，水清澈。民間傳聞玉井內長有千葉白蓮，凡人吃了可成仙。唐朝大詩人韓愈曾到此一遊，作了一首《古意》詩：「太華峰頭玉井蓮，花開十丈藕如船。冷比雪霜甘比蜜，一片入口沉痾痊。」鄭曼青取「玉井」為齋名，可能典出於此。

鄭曼青，溫州人，名嶽，以字行。他自號蓮父，卻是因為出生於六月廿五日，比荷花生日遲一日。為此，專門請人刻了一方朱印：「我後荷花一日生」常鈐於畫作。

傳說終歸是傳說。但鄭曼青和歷代文人墨客一樣，傾慕蓮花出淤泥而不染的君子風度是無疑的。他平生喜作蓮花圖，嘗言：「六十年功夫盡在此」。並愛詠蓮花詩。

這冊《玉井草堂詩》就收錄了一首《青蓮》：「青蓮變碧今又白，紅

蓮深淺明的曆。依稀六月玄武湖，曉露未晞群鳥寂。畫船雙槳載酒行，白苧風輕坐吹笛。晚來人醉花偏醒，侵袂渾忘香四幕。」

還有《蒲立德君索畫荷口占一絕》：「自笑文章不可名，一花一葉數平生。天涯得有知音在，始信花香遠益清。」

鄭曼青在世時，請作荷花圖的人絡繹不絕。晚年寫詩道：「吾寫蓮花六九年，筆花落紙過三千。」他常亦畫亦詩。一九三三年，鄭曼青為絜裋主人作《荷花圖》四屏並題詩三首：「芙蕖出振波，雋語玉作骨。蓮父寫其神，四坐飛塵絕。勝載西施歸，扁舟五湖月。」「玉井堂前蓮實肥，慧花蘸水褪紅衣。好將敗葉留聽雨，猶為秋炎蓋落暉。」「卓午流烏赤，綠陰照水圓。清涼花下逗，穩羨白鷗眠。」最後一屏題：「色香微妙根塵淨。」

異人之詩

鄭曼青年少時在故鄉即有詩名，與夏承燾、陳仲陶、馬孟容兄弟等相往甚密，常有唱和。多年後，他飄零四方，想起舊日詩友，作《寄懷永嘉舊遊七絕》，分贈劉景晨、王榮年、陳仲陶、梅冷生、夏承燾、馬公愚諸人。其中「坐擁皋比得此心，卅年闊別謅知音，嚶鳴不及枝頭鳥，猶得棲遲近武林。」是寫之江大學時代的夏承燾。

夏承燾《天風閣詩集》也有一首寫鄭曼青：「據鞍意氣尚能奇，一笑江天執手時。此是宋賢高詠路，馬頭山色倍宜詩。」此詩作於一九三五年，正當夏鄭青壯之年，意氣風發。

鄭曼青騎著高頭大馬來看望好友。倆人已經有十五六年沒有碰面了。在夏承燾眼裏，鄭曼青「丰采如舊。」鄭的學生戚君力邀老師到梵村一坐。鄭曼青以二馬來，讓了一匹與夏承燾。久處書室的夏承燾從未騎過馬，但盛情難卻。鄭好騎馬，教夏踞鞍按轡。一路

上，倆人吟詩論藝，在錢塘江畔談笑風生，並騎至梵村。而宋代詞人周邦彥的墓坐落在此，又平添了一道探古尋幽的風景。於是有了這首《鄭曼青以兩騎枉過，與試跨至梵村》。

此情此景，已是絕響。魏晉風度，而今大概只能在詩畫中體會和享受了。

當時，鄭曼青已投在常州錢名山門下多年，得名師指點，詩藝已非往昔可比。錢乃光緒二十九年二甲第十六名進士，與高吹萬、胡石予並稱江南三大儒，年四十歸田設館，專心致志讀書、著述、教書，「二十年間從遊者逾千」。他授業所在寄園勝景諸多，名畫家謝稚柳離開常州五十餘年，憶及此園仍神往不已：「那裏沿著運河，常有帆檣來去。園雖不大，有『雲在軒』、『快雪軒』、『望杏樓』、『月榭』、『荷花池』等。夏季的荷風，秋天的桂香，園角的竹林，路旁的書帶草……」

鄭曼青拜錢名山為師時，已有聲名。他十八歲遠遊京城，以詩畫結識陳師曾、羅癭公，頗受器重，遂聘於北京郁文大學。而後來上海，經蔡元培推薦，在暨南大學教書。那一年，他二十四歲。繼得吳昌碩、朱祖謀賞識，任上海美術專科學校國畫系主任。又與黃賓虹等創辦中國文藝學院。尤在上海美專，顯赫一時。

可以說，在當時的文人圈裏，鄭曼青是一個活躍分子。他在京滬活動的十來年，正是中國文藝復興的一個新時代。經歷了大世面的他，毅然拋棄一切教職，來到常州從錢名山專攻群經諸子，是需一番膽識的。

初入寄園，是一九二七年清明時節，春光浪漫。鄭曼青見園中菊花綻開，不由感慨：「殘雪孕晚香，當春發佳色，猶帶冰雪資，東風不相識。」

錢名山平生最得意自己的詩。曾言：「學詩最早，一生注力於詩，詩我者傳乎。」他有一書給鄭曼青講詩：「詩要有理、有意、

有味，如作長句，並要有聲有色。理之一字，近於迂腐，然性理情理文理，同為一理，一詩一句，莫不有理，不得以為迂腐也。詩忌苟作，無理無意無味，切勿下筆，待其不得已而為之，其詩始高。凡我胸中有不得已，見天下事有不能已於言者，皆好詩料也，切勿錯過。」

鄭曼青寄宿寄園，據聞三年不出，潛心向學，自得真傳，所作所論亦走錢名山一路。鄭曼青自序《玉井草堂詩》：「詩文言語有以異乎？無他，由語言而文而詩，由粗入精，自繁就簡，極蘊藉而諧音節，合比興而成文章者。詩而已矣至矣盡矣，蔑以加矣。天惟大，無柱以撐之則天圮，天柱者真詩已耳。世無真詩，天之圮者久矣。」「詩求紀實而弗過，安妥而不頗，盤空硬語句，欲驚人者亦各有其旨，非敢強同也。」

但鄭曼青所作之詩，歷經動亂，散佚不少。年過半百之後，將僅存詩稿刪選為二百來題，分「少作憶存」、「周覽作」、「避寇作」、「還都作」、「避匪作」、「入台作」六卷，編為《玉井草堂詩》刊行。

陳含光視鄭曼青為「異人」，稱鄭曼青的詩為「異人之詩」。他為《玉井草堂詩》作序：「為詩如其為人，原本乎性情，具平淡天真之美，然平之中有嶔崎，淡之中有奧折，故時時出人意表而味之無窮。愀乎，其悲慨乎，其奮悠悠乎，其絕俗而離塵也，抑可謂異人之詩也。」

鄭曼青的表侄章左平談及其詩，同是此論：「曼叔之為詩，早年喜李白、杜甫，後醉心於杜之醇厚與陶淵明之平淡，故其詩不為奇韻險句，而於平淡中多深意。」並舉其晚年之作《此生》為例：「諸葛南陽尚有廬，歸田元亮足園蔬，此生散跡於天下，飲似閒雲一卷舒。」但陳含光又說：「彼夫東海之安期，桃源之元亮，固吾

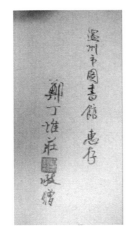

溫州圖書館藏有《玉井草堂詩續集》，
為鄭曼青之妻丁惟莊所贈

屬所慕，而非僅在於此也。」「君志意猶昔，其將謳吟激發於家國
民物之間。」

但《玉井草堂詩》刊行後，許多好友都認為鄭曼青所選太
為苛刻。他答：「糟粕多又何用，留此不過為子孫作家乘耳。」
一九七一年，《玉井草堂詩續集》出版，鄭曼青「不願留與後人為
予增損」，同樣只選去台後所作詩詞十之三四。

溫州圖書館藏有《玉井草堂詩續集》，為鄭曼青之妻丁惟莊所
贈。而臺灣大學圖書館所藏《玉井草堂詩》是鄭曼青親贈。丁惟莊人
稱「丁四小姐」，是民國首任航空署長丁慕韓之女，工書法及醫學。

鄭曼青不得了

然而，和很多人一樣，陳含光認識鄭曼青的才華，並非始於詩
文，而是畫。

鄭曼青學畫，是因為少年時期的一次意外。他自幼體弱，四
歲得了軟腳風痛病，遍尋良醫無果，有市隱教他習易筋經運動才痊
癒。十歲那年，過危牆，牆忽然倒塌，傷及頭部，差點氣絕，半日

不省人事。醫生用草藥敷之,漸漸蘇醒。但記憶頓失,所讀詩書,差不多記不住了。一用眼用耳,就感頭痛。家人商量著給鄭曼青換一種輕鬆點的教育方式,託姨母張光送他學去畫。想不到的是,這成就了鄭曼青的畫名。古人說:「塞翁失馬,焉知非福。」在鄭曼青的經歷中可見一斑。

張光,字德怡,晚號紅薇老人,擅花鳥畫,工詩,是民國時期著名女畫家之一。其夫章味三,與蔡元培科舉同年,故蔡稱其為「年嫂」。因為這層關係,蔡元培後來對鄭曼青多有提攜。一九二六年,還與吳昌碩、朱祖謀、鄭孝胥一起為鄭曼青制定書畫潤格。

張光把鄭曼青送到自己的老師汪如淵處學畫。汪是清末民初開啟永嘉畫派的代表人物,從者甚眾。二、三十年代活躍於上海的溫籍畫家如馬孟容等都是他的弟子。據章左平記載,鄭曼青初到汪家學畫,因受傷體弱,只是一名侍奉老師作畫的書童,磨墨研粉,靜觀老師揮毫。但鄭曼青一回家即把老師所畫臨摹在中藥包裝之紙的背面,張光時常給予點撥。四年後的一天,汪如淵命鄭曼青畫一藤花,所作寓有古意,讓汪如淵頗感意外,便給鄭曼青訂《紫藤花館》潤例賣畫。

鄭曼青以神童面目出現在了海上畫壇。當時,上海有一經亨頤發起的畫會「寒之友」社,于右任、黃賓虹、鄭午昌、張善孖、張大千、鄭曼青等均是社友。鄭曼青是其中年齡最小的。

海上文人喜歡雅集,最有名的當屬「秋英會」。每到菊花盛開、河蟹正肥時,一起賞菊品蟹,飲酒繪畫作詩。有一種說法,張大千與鄭曼青的作品,都被「秋英會」上的文雅之士評過,他們預測兩人的藝術生命:「鄭曼青不得了,張大千一塌糊塗。」

這種說法,今天已然無法考證。但不難看出鄭曼青很受當時畫壇認可。謝玉岑觀了鄭曼青《芭蕉月季圖》後,這樣評價:曼青芭

鄭曼青作《饞餘圖》

蕉月季胚胎元氣，百讀不厭，為其近作之冠。並賦詩一首：「曼青人冷如其畫，赭墨蕭疏凍未幹。留與天心驗盈朒，芭蕉才展月初圓。」

謝玉岑既是錢名山的門生，又是錢名山的乘龍快婿。曾任教于溫州中學，與夏承燾、鄭曼青的友情好比李白詩句裏的「桃花潭水」。那時候，還沒有出名的張大千也常遊走於寄園。他們氣味相投，常在一起吟詩作畫，雅集遠遊。有一次，謝玉岑與鄭曼青、張大千合作了一幅《歲寒圖》。謝玉岑還饒有興趣，作了一首長詩寄給夏承燾。還有一次，陸丹林得到一幅沒有落款的鄭曼青《鵝》圖，請謝玉岑題跋。謝玉岑當場作了一首打油詩來吹捧鄭曼青、打擊張大千：「曼青狡獪善畫鳥，自誇太極通大道，於陵吐此鶃肉，猶覺煙波能浩渺。海上畫家君少年，新羅白陽或可到，此語勿告張大千，聞之虯髯應絕倒。」還說：「漫成長句，為鄭生吹法螺，如酬吾功，請煮鵝肉。」需要指出的是，謝玉岑寫這些詩句的時候，正坐在張大千的大風堂。嬉笑遊戲，躍然紙上。

對於鄭曼青的繪畫技藝，張大千自己也非常認可。徐悲鴻為《張大千畫冊》作序，稱其為「五百年來第一人」。張大千聞之，不勝惶恐：「惡！是何言也。」他說：「山水石竹，清逸絕塵，吾仰吳湖帆；柔而能健，峭而能厚，吾仰溥心畬；明麗軟美，吾仰鄭午昌；雲瀑空靈，吾仰黃君璧；文人餘事，率爾寄情，自然高潔，吾仰陳定山、謝玉岑；荷芷梅蘭，吾仰鄭曼青、王個簃；寫景入微，不為境囿，吾仰錢瘦鐵；花鳥蟲魚，吾仰于非闇、謝稚柳；人物仕女，吾仰徐燕孫；點染飛動，鳥鳴猿躍，吾仰王夢白、汪慎生；畫馬，則我公與趙望雲；若汪亞塵、王濟遠、吳子深、賀天健、潘天壽、孫雪泥諸君子，莫不各擅勝場……」這當然有張大千自謙的成分，但說明了鄭曼青的創作特色非常明顯。

宋美齡晚年曾跟鄭曼青學畫。她寫信給張學良說：「自來台後，余忽對繪畫興趣濃烈，大有寄情山水、兩眼皆空之感，而蔣先生也主張余以習畫養性，余即延請黃君璧先生教山水，而鄭曼青先生之花卉，乃是臺灣首屈一指之翹楚，兩位才華決不遜於張大千和徐悲鴻。」她為《鄭曼青先生書畫特展目錄》作序時又說：「跟隨鄭先生習畫多年，我對先生的品性略知一二。雖其學問深深紮根於傳統中國繪畫，但他的作品中卻不乏創新與生氣。雖其苦心鑽研前人古跡，卻從不曾執意描摹。」「畫中或繁或簡，疏密二體無一不以平衡和清朗的方式清晰展現了他的創作意圖，不滯於手，不凝於心。他的筆觸挺刃，卻不失於細節，別人需數筆勾勒者，他往往一筆到位。每一朵花卉中傳達出的生動氣韻都恍如畫家生命的延續，運筆與其人渾然一體。他以筆墨紙硯做為傳達精神的媒介，在自然樸拙中抵達了卓越的藝術高度。」這都從另一角度證明了鄭曼青的繪畫成就。

書畫同源。在《鄭曼青書畫潤格》中，蔡元培等說：「吾國書畫，有共通之點，筆勢一也，胸襟二也。惟工力或未必平行。故古

鄭曼青平生喜作蓮花圖，嘗言：「六十年功夫盡在此」

代書家或能畫而不以畫名，畫家或能書不以書名。」鄭曼青自幼書畫兼功。「以書家之筆力用於畫，故秀而特勁；以畫家之風致用於書，故正而不拘。其氣韻超逸，寄託遙深，因作品而表現高潔之個性，則書畫一致也。」

溫州城內有座積谷山，隔著春草池與謝靈運的池上樓相望。山上有歷代名流摩崖題刻，現僅存十多處，其中「氣如虹」三字就是鄭曼青所書，據説是他的少年之作。在剛剛舉辦的《溫州書法六十年》展覽上，展出了一副鄭曼青的對聯：「山間明月從容出，天外行雲自在流。」字裏行間所流露的超凡脱俗、靜氣美感，在今日書家中已難得一見。

但鄭曼青晚年的書畫風格卻完全不是這樣的，變緩轉拙。臺北故宮博物館曾於八十年代展覽過鄭曼青的作品，並出版了一本《鄭曼青先生書畫特展目錄》。這批捐獻給臺北故宮的書畫基本是他的晚年作品。翻閱此畫冊，確多簡筆。有位喜歡收藏的朋友説：看了這本畫冊，讓人失望，鄭曼

青的畫越畫越差。又道，劉景晨也這麼評論過。

劉景晨是民國溫州名士。他評論鄭曼青的話被記在胡蘭成的《今生今世》一書裏。當年，胡蘭成化名張嘉儀潛於溫州，認識了劉景晨。有次去劉家，正好鄭曼青寄畫來請教。劉景晨看了後，對胡蘭成道：「曼青學畫原有天分，早先的還不錯，近來流於放誕，愈畫愈壞了。」胡蘭成語多刻薄，繼而評說：「一涉狂悖妄誕，是有才亦不足觀，其才已被殺死，雖存典型，亦都走了味，走了樣了。」

鄭曼青在台時，有一些人對他後來的畫風也不以為然，婉轉與之言，喜歡他的「勁捷之筆」。鄭曼青答：「吾早年亦沉潛於此，孜孜數十年，乃覺勁捷之力易盡，乃復歸於緩約渾凝。」

其實，研究海上畫派的史家，對鄭曼青後期亦多微辭，如臺灣大學教授傅申就認為他「未能於書畫更上層樓」。「惜乎多能」以致分散了精力，不能於一門技藝上有更高的成就。

梅英學第匹之 鄭岳書

《溫州書法六十年》展覽上，展出了一副鄭曼青的對聯：「山間明月從容出，天外行雲自在流。」

鄭一帖

　　不管如何，唐鼎元所言「鄭曼青作詩書畫有奇氣」非虛言。舊時，文人墨客詩書畫皆精是平常事，但像鄭曼青那樣還能醫會拳並頗有成就卻是很少見的。這也是他之所以被稱為「異人」，有「奇氣」的地方。

　　鄭曼青習醫完全是應了「久病成醫」的老話。他小時多病，她的母親識得中草藥，便親自抓藥調理，耳濡目染，鄭曼青略知醫理。從教後，吃了粉筆灰，患上肺病。後來，又經歷了一次大病，便決定專心學醫。

　　一九三○年，他曾被選為中國畫展代表，與張大千等人同赴日本為中國在日畫展審定唐宋元明清各代展出作品。回國後，齒頰流血，大小便不通。吃了醫生給他開的藥後，則大瀉不止。鄭曼青瘦了下來，又施以滋補身體的方劑。結果，鄭曼青臥床十八日，昏沉不醒。這是醫生不知病者體質造成的。病癒後，鄭曼青不想把自己的生命斷送在庸醫的手上，便發憤研究脈理，潛心學習《脈要》、《脈解》等經典。當時，鄭曼青正執掌中國文藝學院，每有學生患病，便盡心為診。不到一年時間，「鄭一帖」的美名就在學生間傳開了。

　　後來找鄭曼青診治的親戚朋友越來越多。有天，前清進士濮秋丞身體發熱請他看病，服了半帖藥，次日便起床了。從此信服鄭曼青的醫術，家人有病都讓他診治。獲此緣分，由濮秋丞引見，日後鄭曼青才得從太極宗師楊澄甫學拳，拜安徽名醫宋幼庵學醫。

　　一日，在楊澄甫處，濮秋丞贊鄭曼青為神醫。楊澄甫的徒弟秦道生當即站起來，伸出手臂讓鄭曼青診斷。鄭曼青把脈後，告訴他有大病，危在旦夕，若不請良醫醫治必死。秦道生聽了應道：你平

時和我推手過招，敵不過，故以此詛咒我吧！邊上的人聽了都哈哈大笑，楊澄甫也捧腹不已。鄭曼青正色道：我平生不喜諧謔，更不會借醫術詛人。秦道生說，我人好好的，怎麼會有病？鄭曼青說：你的病潛藏在腑臟未發而已。不信，就舉幾個現象。一，頭暈否？二是否腹瀉？秦道生答：不頭暈，而腹瀉是夏日常事，有什麼可奇怪的。鄭曼青說，你的腹瀉定是水瀉，想瀉即瀉，忍也忍不住，而一瀉就止，了無餘滴。是不是這樣？秦道生這才變了臉色：正是像你說的，這是什麼病？鄭曼青說：這是脾敗的緣故，夏日容易使脾敗，你要注意休息。病發時，我可以為你醫治。秦道生說：我即赴蘇州，明日回來請你治療如何？鄭曼青說，不可。你有行動，病即發，那就來不及了。秦道生還是聽不進鄭曼青的建議：我去了即還有什麼關係呢。鄭曼青說，如果一到蘇州就病發，那怎麼辦呢？在坐的人都覺得鄭曼青言過了，秦道生更是拂袖而去。

　　過了十天，秦道生還未回來，楊澄甫有些惦記，說他肯定到其他地方辦事了。鄭曼青說，秦不是死了，就是病的很重了。楊澄甫責備道：你怎可憑空咒人呢。鄭曼青理直氣壯回道：若我的話沒有被印證，從此以後我將不再談醫。

　　滿一個月的時候，面容憔悴的秦道生來看師傅，倚門歎道：我輕視鄭曼青的話，差點死在他鄉。原來，他一到蘇州即發病，手腳都不能動了，發熱頭暈口渴，請了當地名醫，所診斷的均與鄭曼青說的一致，服了二十八帖藥才好轉。大家這才對鄭曼青刮目相看。

　　經此一事，鄭曼青醫名大震。濮秋丞認為他的醫術有獨到之處，把他推薦給宋幼荄。當時，宋幼荄已經年屆古稀，閉門不接診了。為了以實際病例指導鄭曼青，重開門診。每天早上，他先讓鄭曼青把脈診斷，自己再復診，有錯當即糾正，下午則講醫書兩個小時，然後再到藥舖，取藥材詳解。如此，鄭曼青隨宋幼荄學了半年。鄭曼青走後，宋幼荄還把一月來所診藥方和從醫後碰到的一些

疑難雜症寫下來，每月定時郵寄給他。一九三五年春，宋幼荬覺得自己年事日高，親來南京將平生絕學盡傳給鄭曼青。

　　鄭曼青曾言他的內科傷科十之七得自宋幼所傳，而外科則多屬釋道行所授。道行俗姓邊，名寶華，其學得合肥王子務秘傳。

君之臂是鐵否？

　　鄭曼青在拜楊澄甫為師之前練過太極拳。第一次是在一九二三年，任北京美術專門學校教授時，鄭曼青體弱，同事劉庸臣教以太極健身。但只一月，便覺無趣而中斷了。第二次在一九三○年，鄭曼青創辦中國文藝學院，操勞過度，甚至嘔血，再次操習太極拳，不一月，病情好轉，身體日漸強壯，於是堅持練習，兩年間，那些力氣十倍於鄭曼青的人找他較量，好多次都為鄭所敗。

　　楊澄甫初對鄭曼青只是泛泛而教，似有保留。但鄭曼青一生多奇遇，因緣巧合之事常見。楊澄甫的夫人抱病垂危，找了很多醫生都沒有見效，想不到鄭曼青將她從死亡邊緣拉了回來。楊澄甫感激不已，遂將他人未聞的口訣相授。

　　鄭曼青詩書畫底蘊深厚，對太極的見解自然不同於一般武夫。他將楊澄甫所傳太極拳進行了改良，刪繁就簡，人稱「鄭子太極拳」。他說：「太極拳原僅有十三式，以沿傳既久，架式增繁，練習費時，不易普及，余乃刪減為三十七式。已較原有之十三式，增多廿四式。此亦因時制宜，勿以余著之簡易太極拳以為簡也。」

　　鄭曼青的簡易太極拳，強調了「美人手」，以盡取太極「柔」之精華。

　　鄭曼青的拳腳功夫至今為人津津樂道的一件，是抗戰時在重慶應英國大使之邀表演太極的事。多年以後，親歷現場的楊門師兄弟鄭克愚在為《鄭子太極拳十三篇》一書作序，追述往事：「赴大

使館表演太極拳術，適英軍訪華團在館，悉少壯軍官，意氣豪邁，見曼青矮小而少之。予曰：君等皆身材魁偉，實力雄厚者，得欲與曼青一試手乎。眾皆連聲諾諾。其中孔武有力者，以安君為最，即趨前詢以試法。曼青曰：悉如君意。乃於尋丈外，洶湧而來，攘左臂而揎右拳。曼青側身左讓其鋒。則安君已顛仆數步之外，旋復攘右臂揎左拳，又從右顛仆如前狀。最後變用雙拳搏擊式，向曼青迎頭猛擊，勢殊驚人。甫見曼青頭乍後仰，伸右掌於安君左腋下，撲之，則安君已兩腳離地，仰後翻跌於尋丈外，迫至場邊，驟見曼青飛步隨之，迅提其臂，得不仰出場外，眾皆驚喜讚歎。」

見此，餘下的人都不敢上前和鄭曼青較量了，紛紛請他表演，鄭曼青即捌右臂作虛抱式。鄧克愚說，誰能推動使他移步便算勝了。有人上來推，不能動，又上一人，並力推許久，仍不能使鄭曼青移步。蒲君請鄭曼青換一種方式表演，鄭曼青便伸臂仰掌，說：「請固握予手掌，以力壓之，弗使翻動，為勝。」又上來幾人，三次握他的手，三次仰跌而出。

鄭曼青又伸臂舒掌，請大家用力猛斫。那安君又上來，用掌大力擊十多下，縮手而退。接著蒲君也舉拳連斫數十下，而鄭曼青好像一點沒有事情。蒲君能中國話，嘆服：君之臂是鐵否？

鄭曼青精於太極由此看見。細思，頗有「無心插柳柳成蔭」的意味。

在《鄭子太極拳十三篇》書裏，鄭曼青附錄了一張表格，用自己二十年來身體狀況變化，來闡述練習太極拳的妙處，於今仍有教育意義。如：二十年前——耳目平常，不耐久用，手腕少力，足心時痛，腰膝稍勞便疲疲。目前——耳仍平常，目至今已四十九歲，視力反勝於前，且能耐用，手腕加強，足心不痛，腰與膝雖日行山路百四五十里，連達三五日，未覺疲乏也……

鄭曼青曾任中央軍校教官，主持過湖南國術館，教授、推廣太極拳。一九四八年遷居海外後，更是以此為樂，創辦時中拳社、太極拳研究社等，奔波於臺灣、香港、美國、新加坡、馬來西亞等地，開館收徒，設班研究。

時至今日，鄭曼青的「粉絲」已達數十萬之眾。有一位叫Wolfe Lowenthal的美國人，還寫了一本《鄭曼青教授與他的太極拳是沒有秘密的》（*There Are No Secrets: Professor Cheng Man Ch'ing and His T'ai Chi Chuan*）的書於一九九一年出版，專門探討鄭曼青的太極拳之道。

在臺北二二八和平公園，有一處空地。據說，鄭曼青常到此教拳練拳。「如果下午到樹下的空地去找，還能發現清晨人們練拳時留下的痕跡，以及推手所畫出的範圍。」

鄭曼青晚年撰寫了《中華醫藥學史》、《易全》等著作，總結自己醫學拳術所得。

皆非有意求之

鄭曼青多才多藝，國民黨元老林森曾有「鄭氏五絕」匾相贈。顧毓琇稱鄭曼青：「大道傳中華，巨毫濡古今。六通桃李盛，三絕友朋欽。畫意從詩意，天心見聖心。歲寒聞鶴嘯，梅雪伴龍吟。」說他五絕之外，還通象棋和圍棋，常與國手謝俠遜對弈。

但這一切，對鄭曼青而言「皆非有意求之」。一九四一年，他在《時代精神》雜誌發表文章，自述習醫經過，曾談到：「二十年間，嶽忽為文藝，忽為教育，忽為武術，忽為醫學者，皆非有意求之，悉因病而得卻病之法耳，何足述焉。然而嶽之如此，始則近乎為我，終則近乎兼愛，為我兼愛，皆孟軻所不取，吾其果近乎楊墨者歟？雖然，楊朱墨翟必欲以其道行者，是有為之為，以視聖人推

己及人之心，自然而然者，毫釐千里，吾所志在聖人，亦若是而已矣，豈欲求多藝以自眩哉？」

宋美齡曾問鄭曼青為何在藝術創作頂峰時期轉向行醫之路？鄭曼青告訴她：「只有在不以藝術為生存之道的時候，他才能夠抵達自己的最佳創作狀態，使自己侍奉於藝術而非利用藝術。」

鄭曼青智慧，豈止聰明兩字能形容。正如宋美齡指出的：「藝術和生命一樣，是一個持續演變的過程。……而他的下一個目標，將是展現他不斷延伸的視野。」

對於癡迷太極之道，鄭曼青亦在一篇《談心得》的文章解其原委：「十數年前，有從游者問余曰：先生身兼五藝之長，生平究以教何藝為樂意。曰：以教太極為最樂。聞之者甚以為疑。曰：似近粗豪焉。曰：是非爾所知也。此為人生哲學之結晶者，以其精微而論，較習一切文藝之難，且有過之，決非一般武事可比。曰：願聞其詳。曰：余弱任詩書畫三課教授，以教書法為樂，以其含有強身運動之益。強壯將屆之年，流離入蜀，以醫糊其口，不意醫運大行。人皆譽之曰濟世活人。然余則以寢食無時，苦不堪言，且日與愁眉苦臉相對，肩人以生死之話，待有笑容焉，則余已不得而見也。惟教太極拳，不獨可以祛病延年，心神愉快而已，少長咸集，善與人同，效老萊子之兒嬉，耄年不倦，勝華元化之禽戲，專氣致柔，真可謂康樂無疆。」

人生難得自在。鄭曼青豪爽，嗜酒，刻有閒章「醉鄉侯」、「酒後尚稱老畫師」自鈐。七八歲即能飲酒一斤。十八歲曾醉死一夜，受母責斥，戒酒六年。二十四歲出京時開了戒。

那年去日本，當地藝界宴請中國畫家。席間有日本人以酒挑釁，鄭曼青與張大千提出以大碗盛酒一口氣乾完，連飲數碗，使該日本人大驚，甘願服輸，次日日本媒體即以《酒王張大千鄭曼青》為題報導中國畫展盛況。

晚年因有高血壓病，其妻常限他喝酒。一九七五年春，鄭曼青返台，學生們設宴為他洗塵。據當事者回憶，當晚，鄭曼青心情特別好，與學生一一暢飲，雖控制在平日酒量內，但不料因此中風，四天後病逝於臺北，享年七十五歲。

有人在他逝世後第二天，在一篇題為〈芭蕉外的才情──鄭曼青〉的文章中，這樣寫下──

長長的庭院裏，瘦竹依然在寒風中搖曳；靜靜的客廳中，一把芭蕉扇，放在牆角，但不見鄭曼青打太極拳，不見他盤膝而坐，空留一室冷清……

伍叔儻的倜儻人生

胡適晚年的秘書胡頌平是溫州樂清人。胡適自然而然對胡頌平談到了一些溫州的人和事。

儘管只是一鱗半爪，但出於胡適這樣的大人物之口，也足以讓小地方的文化人興奮不已了。

在胡頌平那本著名的《胡適之先生晚年談話錄》裏，胡適兩次談到伍叔儻。

他説：「叔儻的詩，是用氣力做成的。」

相比胡適談到的永嘉大師、葉適、陳介石、林損、高宗武、南懷瑾這些溫州人，伍叔儻最讓人陌生。

伍叔儻何許人也？

一

伍叔儻比胡適年少六歲，出生於一八九七年四月廿六日。他名倜，字鶴笛，以號行，又名俶、一比，筆名索太，與胡適談到的陳介石、林損諸人同邑瑞安。

伍叔儻是胡適的學生。一九一六年，入北京大學文科中國文學系。在北大的時候，伍叔儻用的是伍一比這個名字，北大檔案裏，俞平伯、顧頡剛、黃侃的日記裏，都以此名呼之。與傅斯年、楊振

聲、俞平伯、羅常培、許德珩、楊亮功、鄭天挺、羅家倫、顧頡剛等或同班或同科或同屆。他的同學大多數是五四時期的風雲人物，而且後來個個卓有成就。毫不誇張地說，伍叔儻的同學名單足以構成中國現代文化史最輝煌的章節了。

那時，蔡元培初掌北京大學，在「學術自由，相容並包」之風吹拂下，陳獨秀、胡適、黃侃、劉師培、辜鴻銘等各色文人彙聚一堂。伍叔儻讀的文科正是新舊思想碰撞的焦點所在。

胡適留學歸國，舉起文學改良的大旗，連本來一心向舊學的傅斯年也跑到他這邊來了。而以伍一比之名行于校園的伍叔儻卻不為所動，依然故我。

一九一九年一月，傅斯年、羅家倫等人創辦了一份《新潮》雜誌支持新文化運動，而薛祥綏、張煊一班學生則在劉師培、黃侃、陳漢章等教師支持下辦起了《國故》雜誌反對他們。

伍叔儻站在了「國故」一邊，名列《國故》編輯。他是這樣看待自己與「國故」派關係的——多年後，伍叔儻在一篇悼念傅斯年的文章說：「我自然跟劉先生走，所以我的加入國故社與其說是『守故』，不如說是『依劉』。」可見受劉師培影響之深。

在政學兩界聲名顯赫的劉師培，在北大教中古文學史，講的是漢魏六朝文學源流與變遷。伍叔儻的同班同學楊亮功有一部回憶錄，敘及當時劉師培教學的情形：「他編有《中國中古文學史講義》。但上課總是兩手空空，不攜帶片紙隻字，原原本本地一直講下去。聲音不大而清晰，句句皆是經驗之言。他最怕在黑板上寫字，不得已時偶爾寫一兩個字，多是殘缺不全。」

一九一九年十一月，身患肺病的劉師培去世，年僅三十六歲。不久，黃侃離開北大。沒有了台柱的支撐，《國故》自然辦不下去了。

但伍叔儻卻在漢魏六朝文學研究之路上一直走了下去。

伍叔儻一生烙著深深的「國故」色彩。晚年，他在《窮照錄自序》裏談到了自己的為學源流——

「余年十四五歲，從鄉周筱齡先生讀文選，於書啟敘論及曹王鮑謝五言，成誦者數十首，文思一時富溢，下筆駸駸迨群矣。」

那時，孫詒讓去世不過幾年，「後生承風，咸競於學」。閭行瑞安城中，讀書聲琅然，有時候夜半也未見停息。「市井細人，知有周官墨子。村塾罕用古文觀止，中學生才高者，已解讀內典。至於駢文律詩，能之者甚眾。學中有不知平側，相與嗤鄙之矣。」孫詒讓叔叔孫鏘鳴的女婿、「浙東三子」之一的宋恕正寄寓瑞安，「聲華籍甚」。他最喜歡到飛雲閣做對子，「大率調采富豔」。飛雲閣臨飛雲江，「目送東海雪帆」，是瑞安城東南登臨勝地。

一年後，伍叔儻離開縣城，到溫州讀書，住在謝靈運筆下的春草池附近。「仰觀欂櫨，旁聽鳴禽」，觸景生情，常有自然之句，便求教於當地宿儒高性樸。

高性樸從者甚多，林損、張沖等都是他的學生。對於伍叔儻，高性樸是很器重的。他曾於《慧園隨筆》中歷數學生中的佼佼者：「及任教十中，則推張強、伍倜、張鎬數人。」

高夫子善桐城古文。「授以《遜學齋集》，讀未卷終，已病其枯窘。改授《歸有光集》，有脂韋氣，勿喜也。改授《曾文正集》，至湖口昭忠祠記，以其卑近似范仲淹岳陽樓，擲去之。但愛其家書，錄論文語，置之座右，至今五十年，猶守而不敢失也。」

伍叔儻閒暇時還讀《經史百家雜鈔》，領悟曾國藩治學之道。他說：「予之深好六朝駢文，而於五言獨尊謝宣城，皆湘鄉之教也。」

入北大後，「桐城久王已厭，而家習餘杭章氏之書。余亦籀繹檢論論衡，蓋仰攀班堅，俯揖杜佑，翱翔於揚雄桓寬之間。雖其人之瞻智哉，然非予之所甚好也。於是杜門玩古，物疏道親，日誦六

代詩文，旁涉乾嘉諸老之集。心所敬恭，則在汪容夫、孔巽軒、孫淵如，以為有華有實，辭苑之宗工者也。」

「夫文質殊用，相容為非。學術萬途，理有偏廢。南還一悟，盡棄舊譚。中年博觀，惟心所顧。懷新逐異，不屑華夷。嗚呼！百齡倏忽，歧路徘徊。自入海來，生意盡矣。」

……

伍叔儻舊文學功底之深，就像這篇聲調華麗的文章，已非我等淺識者能體會並可轉述明白。

然而，他的執著，是令胡適也感歎的。一九五七年，伍叔儻在日本講學，遇見胡適。胡適說：「叔儻，你是晚年變節。」伍叔儻正要回答。胡適馬上取消他這句話：「不是！不是！是忠實同志。」伍叔儻說：「我依舊喜歡文言的。」

二

儘管伍叔儻有很深的國學造詣，卻述而不作。這令很多人為之惋惜。

早年，他還有些文章發表。在二十年代初期的《約翰聲》雜誌，可見《俳體詩史序》、《呂選清家傳》、《八代詩中的形容詞副詞的研究》、《雜言詩概論》、《兩漢社會風俗詩徵》等文論。

「六朝詩家年譜」寫過兩種，一篇《謝朓年譜》發表於一九二七年《小說月報》第十七卷號外本《中國文學研究》，一篇《沈約年譜》發表於一九三一年《國立中山大學文史研究所輯刊》。

一九二八年第二卷二十期《國立中山大學語言歷史研究所週刊》還發表過他的一篇《史記集注自序》。一九三五年，編輯《居禮斯克渥多斯喀夫人榮哀錄》時，寫過一篇序言。

　　一九三八年和一九三九年，伍叔儻以筆名索太在《國民讜論》上寫過《雜論人才問題》等一些政論文章，在《教育通訊》發表過《如何改善大學中國文學系》等教育論文。

　　一九四九年後，只《憶孟真》、《國文進修問題》、《日本之漢詩》、《與今關天彭書》、《敬悼胡適之先生》寥寥幾篇見於報端了。

　　伍叔儻論中國文學別出心裁，但留下來的也只有在日本、香港講學時學生記錄整理的《伍叔儻教授講義》、《談五言詩》。

　　餘生也晚，孤陋寡聞，近年才略知伍叔儻為學為人，欲編《伍叔儻集》，尋尋覓覓，購《中國文學研究》、《國立中山大學文史研究所輯刊》、《華國》原版輯錄，又從京、滬、港、台圖書館檢索到若干，鉤沉其佚文，僅得上述幾文。

　　伍叔儻曾給老鄉、後任復旦大學中文系教授的李笠寫信談到：「弟之懶病為海內一人，作事總有好無終，而『名』之一字，看得甚輕，便不喜動筆。」《俳體詩史》、《史記集注》、《窮照錄》都還只是寫了個序，而《謝朓年譜》中提及的《蕭子良詳傳》，和那篇很多人知道但很少人讀過的《八代詩論》一樣，至今未見蹤跡。

　　與晚年伍叔儻多有交往的作家徐訏在《悼念詩人伍叔儻先生》裏說，伍叔儻是一位文學家。「作為文學家，自必通過一種文學形式來創作，他所愛的形式是詩，特別是五言詩。」伍叔儻亦述「自束發受書，輒好吟詠，初愛漢晉五言，華國所載，皆弱年之作，三十以後，始泛涉唐來明清諸家，而篤好在於東坡，所作五言，仍與過江諸賢為近，蓋平生服膺湘綺之言，故與同光諸老頓異趣也。」

　　伍叔儻的五言詩最為人稱道。香港作家李立明贊曰，「獨能拔起末世，一鳴驚人，遠邁前哲」。但他的詩不輕易示人，生前發表的也不過百多首。最早見於《國故》雜誌，後《約翰聲》、《華國》、《崇基校刊》、《文訊》雜誌等偶有刊載。

《暮遠樓自選詩》扉頁

徐訏與伍叔儻閒談的時候，總是勸他把這些詩稿整理一下，出一本詩集，「不一定要木刻，不一定要印得怎麼好，只要整整齊齊出一本，讓愛好的友人欣賞欣賞而已。」「文學不發表——也即沒有傳達——還不能成為文學。」伍叔儻聽了很讚賞。第二次見面的時候，就說要接受徐訏的意見圖謀出版了。可惜還在「圖謀」的時候，他就病倒了。

胡適曾對胡頌平說：「伍叔儻的詩集印出來沒有？你請他寄一本給我。」胡適早伍叔儻幾年去世，生前沒有見到他結集出版的詩文。現存《暮遠樓自選詩》是伍叔儻去世兩年後，他的朋友、學生資助由香港中文大學崇基學院華國學會刊行。但流傳不廣，不易讀到。我所藏是友人沈迦從伍叔儻學生、香港中文大學教授楊勇那裏拍攝原書列印而成的。

《暮遠樓自選詩》只收錄了伍叔儻的一百多首詩。據説，他的遺稿中有三四千首詩。徐訏聽聞伍叔儻去世的消息，即寫信給楊勇，請他與梅應運注意他的遺稿。

時光不饒人，伍叔儻同事一個個走了，徐訏走了，伍叔儻的學生輩也

走了，楊勇走了，知道伍叔儻的人越來越少，知道這批遺稿下落的人越來越少。

我打探到伍叔儻長子伍既安的消息，也去世了，家裏人亦不知這批遺稿在哪裡。伍叔儻晚年住在一位姓王的乾女兒家。徐訏說，這位乾女兒曾在香港大學東方語言學校教廣東話，後來嫁給了一個英國人。很多人猜想，她那裏可能有伍叔儻的一些遺稿。伍叔儻的次子伍妥在新加坡，但年紀也很大了，不知道是否尚在人世。他是新加坡圍棋協會會員，但很多年沒有去參加活動了，協會的工作人員給了我一個電話號碼，但打過去已不是他接了。

三

伍叔儻曾說：「中國美文，唯讀《後漢書》、《三國志》、《水經注》、《伽藍記》、《顏氏家訓》足夠一生欣賞。」並主張把《晉書》列入大學國文系課程，引來非議。

其實，他不是滿口之乎者也的迂腐老夫子。

在《國文進修問題》一文中，伍叔儻說：「把本國的文化，估計得太高，因而抹煞一切，固然可以不必。必要把線裝書放到廁所裏去，也近於『賴其末而不識其本』。」頗為辯證。香港中文大學教授鍾應梅在《悼伍叔儻先生》一文中，也提到伍叔儻「反對以文言語體來分文學的新舊」。伍叔儻給他寫信說：「文章體制，用之各有所適，古人之所已知，故才高者兼備眾體。近如魯迅，尚識此理，故小說則用白話，而序傳墓誌，亦不廢雅潤之音。」

伍叔儻認為：「古代智識範圍，到底有限，現在科學門目繁細，文學家雖然須要常識，但各種常識的綜合，便成為非常了。即在本門範圍以內，本國詩文古集之外，還要看外國名著，要是外國名著，各看他本國的原文，則童而習之，白首不能竟其業，是必然

的事。居今日而言國文，實在不是一件容易的事，所以，我常勸學文學的青年們，切不要自以為學文學，而把高中程度的數學，丟個乾淨。很多書，沒有點數學基礎，是看不懂的。而至於外國文學，也必須於英、法、德、日、俄、西之中，有一國文字看得清楚，最好能寫。能寫，可以懂得更深。就說看得懂，也不是二三年程度所能辦得到的。文學有世界性，此在大愚的人，亦知道這句口頭語。抱殘守缺，關門做皇帝，在極端頑固份子，已經感覺到不對了，況且中國新文藝作家，缺乏得很，青年簡直無書可讀。文藝不是燒餅油條，可以站在鍋爐旁邊等著吃的呀！就論新文作家，也須要多看外國書。才高者可以因此改造意境，低者簡直是移植，總比仰天而談而自以為創造的好多。青年們，應該用幾年苦功，把外國文學弄好，博覽文學名著，以開拓新意境。歐美文明程度高，我們生活方式，跟他跑，很像南朝人之足以影響北朝，將來結果，必至於覺得西洋文學，比較接近人生，是無諱言。而且北宋以前舊書，經東坡等人看過以後，再想從此中紬繹來超高他們，恐不可能，非別開生面舍舊謀新不行了。儻使專看中國近人作品，所得到的智識，既無系統，文字倒把他看壞掉。因此，不但外文系應該讀外國文，中文系尤其要讀外國文，這是生路。曾國藩說：三十以後，長進極難，非趕快用功不可了。」

伍叔儻的弟子、華東師範大學教授錢谷融回憶，伍叔儻會常和學生討論一些現代作家，如周作人、郁達夫、徐志摩等人，「或褒或貶，都能切中肯綮，並且婉而多諷，頗富幽默感。他特別推崇魯迅，認為他的成就遠在其他作家之上。」還邀請宗白華、羅家倫、朱自清來講座，在系裏舉辦英文翻譯比賽。這一點連徐訏也敬佩，他說：「談談文學，我們的修養並不相同，我們的見解也並不一致，但是總是有許多話可以談。專攻舊文學的人與我談談文藝思想與文學趣味而令我敬佩的人並不多，伍叔儻先生則是很少的人中的一個。」

中央大學一九四六年畢業生
合影，前排左三為伍叔儻

　　正如胡頌平說的，伍叔儻不僅白話文寫得很美，而且對於西
方文學，用力極深。「他三十歲以後，每天規定要看西文的詩歌小
說，四十年來，沒有間斷過。」胡頌平指出伍叔儻《窮照錄自序》
裏說的「中年博觀，惟心所願，懷新逐異，不屑華夷」，是指西方
文學名著說的。「所以他的詩雖然仍用舊式的體裁，但他的內容是
受了西方文學的影響。」

　　錢谷融也記得伍叔儻懂英文，「有時去他房間，看到他手裏拿
著正在讀的往往是英文小說。還知道他常通過日本的丸善書店從國
外購買書籍。他與外文系的樓光來、范存忠、俞大縝等先生時相過
從，與歷史系的沈剛伯，哲學系的方東美、宗白華等教授，往來尤
其密切。平日跟我們閒談，也常常是古今中外，出入文史哲各個領
域，真是海闊天空，魚躍鳶飛，其樂無窮。完全沒有那個時代一些
教古典文學的中文系教授那種嚴肅古板、道貌岸然的神氣。」

　　伍叔儻對中國文學的批判意義今日看來仍有很大的意義。他
在《國文進修問題》中評論：「大名鼎鼎的文字，往往不一定是
好的，或者時代變了，文章價值，完全沒有了也不定。像《陋室
銘》、《西銘》、《正氣歌》之類，從文學眼光看起來，實在沒有
什麼價值。因此，選一篇一篇的文，不如讀一部書，將一部書中認

為是精華的熟讀，比較好得多。因為：一、純粹，二、不由你任意同本書以外亂選，而本書以內當時所不能欣賞的，也硬把他裝進去，將來程度夠了，有用的很呢。」「細思坊印國文教科書，所選的未必是好文字，上下古今，龐雜失統，尤其近人的白話文毫無文學的價值。一篇很長很長的，叫青年們硬裝進去，你想，工夫費得冤枉不冤枉。有用而且幼弱的腦子，把他拿來糟蹋，真令人起了不忍人之心。凡是要背的東西，必須要背某一時代重要的作品，而且有永遠價值的。」

《伍叔儻教授講義》、《談五言詩》兩種，則是集中體現了伍叔儻中國古代文學特別是六朝詩之史觀，尤值得研究者注意。

四

伍叔儻長期在大學裏教書，是一位教育家。

北京大學畢業後，伍叔儻回鄉任教於母校浙江第十中學，與金嵊軒、劉節、馬孟容、馬公愚、張震軒等共事，並定教授國文大綱：述學（學術文鈔、文士傳），應世（公牘、報章），美文（筆記、詩選、小說）。雖在十中教書短暫，但此後伍叔儻不遺餘力為該校推薦優秀教師。朱自清一九二四年八月三日日記：「在金（嵊軒）處遇伍叔儻。介一（聖）約翰畢業的英文教師於金，金甚重視；即去電徵同意。他們如此崇拜教會學堂，還與我十年前一樣。」金嵊軒是十中校長。一九二五年秋，常州詩人謝玉岑赴溫州執教一年，也是伍叔儻所薦。

一九二一年下半年，伍叔儻受聘於上海聖約翰大學教國文，後還與洪北平、錢基博等同任《約翰》半月刊輔導委員會委員。一九二五年「五卅慘案」後，聖約翰大學學生掛國旗志哀，遭校方反對，伍叔儻與孟憲承、錢基博等十多位教師及五百來名學生憤

而宣佈脫離學校，成立光華大學。據說，那時伍叔儻與錢基博最相交契。因了這層關係，一九八一年，伍叔儻的學生黃君實從美國回來，住在北京飯店，想去拜訪錢鍾書。黃君實常聽伍叔儻說錢鍾書聰明，英文好，對《圍城》讚美有加。於是，黃君實就給錢鍾書寫了封信，說自己是伍叔儻的學生，希望能見面。沒想到，第二天錢鍾書即回覆。在信中，錢鍾書說自己當時考庚款留學生時，伍叔儻是批卷之人。因此伍叔儻是他的座叔，「我們算同門」。

一九二五年暑假後，伍叔儻經姜伯韓介紹進入國立廣東大學。當時，他還兼任中央政治會議秘書，「本來決議從軍北伐，隨張靜江、周伯年、狄君武諸先生過大庾嶺，到前方去，轎子也雇好了。」但聽說他的同學傅斯年要來擔任文學院院長，便留在了廣州。不久，廣東大學改名國立中山大學。一九二六年底，伍叔儻接替辭職的郁達夫，擔任中山大學出版部主任。時顧頡剛在中大主編《民俗叢書》，在審查會議上為伍叔儻等否決出版。顧頡剛致函教務主任朱家驊，朱家驊允可印書。伍叔儻因此憤而於一九二八年五月底提出辭去該職，後被挽留。魯迅在中山大學任教，伍叔儻與之有過來往。魯迅日記一九二七年一月二十四日有記。一九三〇年暑假，鍾應梅大學畢業找工作，帶了一位老師的介紹信找伍叔儻，當時「他的地位是廣州中山大學中國語文系教授、兼預科國文組主任、和校長的秘書」。

一九三一年下半年，伍叔儻轉任於中央大學國文系，與黃侃、吳梅、汪東等共事。一九三六年五月，被裁減。吳梅於當月二十二日日記稱：「往訪旭初，為言校中事，社會學系則停止，國文系則裁人，林公鐸既自行辭職，伍叔儻、陳仲子又不再延聘。蓋教育部令以文學院生僅八十名弱，而所開課程竟八十餘種，幾一人一課矣，非裁減不可。旭初於是將叔儻辭去，以叔儻為部中參事也。」

一九三七年，朱家驊任浙江省主席，聘伍叔儻為省府秘書長。但任職不過三四月，軍政形勢急轉，年底時受朱家驊邀請同往漢口。一九三八年夏秋，在武漢主編《國民讜論》，只匆匆三期即終刊，繼而來到重慶。先在重慶大學任教國文，後仍回中央大學，一直到一九四八年冬，任師範學院國文系主任。其間，曾兼任中央青年幹部學校教授，主持整理過國立女子師範學院院務。

伍叔儻多次參與中小學國文課程標準的制定。目前有資料可查的是，一九四七年二月，參與教育部修訂小學課程標準。一九三二年、一九三六年、一九四八年三次參與起草中學國文課程的標準。一九四二年，與朱自清、魏建功等人一起編輯《大學國文選》。

一九四九年，伍叔儻赴台，與毛子水、臺靜農、王叔岷、屈萬里等同在臺灣大學中文系任教，並在省立師範學院國文系兼職。一九五二年，對日本詩發生了濃厚興趣的伍叔儻，被日本東京大學與御茶水女子大學聯合聘請專講八代文學。一九五七年，為香港中文大學崇基大學所聘，直到一九六六年去世。

語言學家羅常培曾聽伍叔儻說起：「我不知道什麼是國文教學法，我只曉得自己作通了才能叫學生通，自己看懂了才能叫學生懂。」想來，伍叔儻上課是很有一套的。他在課堂上的風采，錢谷融、鄭文、李學銘等弟子多有文字記載，讀來不免讓人心往之。

伍叔儻在中央大學師範學院曾開一門「各文體習作」的課，至少每兩周要交一篇作文。作文題目又他出，但學生也可自擬。錢谷融說：「伍先生出的題目都很寬泛靈活，很便於學生自由發揮，而且還有一點是當時各大學的中文系很少有的，那就是作文不一定用文言，也可以用白話寫。還有就是學生寫了作文，伍先生都認真修改，第二周發卷時，伍先生還當場逐一點評講，指出優缺點以及應該怎樣進一步提高等等。遇到寫得好的，伍先生會滿懷歡喜地給以讚揚。他很理解學生的心情，評講時始終注意以鼓勵為主，對缺點

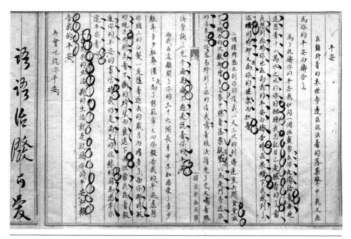

伍叔儻為錢谷融批改的作文

的批評只是點到為止，不多苛責。而對一些有新意、見才華之作，則由衷地表示他的讚賞之情。所以同學們對於每兩周要作文一篇之事，不但不以為苦，反而甘之如飴。」錢谷融說自己正是在伍叔儻的循循善誘的熱情推動下，寫下了學生時代的思慕和憧憬、歡喜和憂傷。他十分珍愛這些作文，至今大多還保存著。

錢谷融的同班同學、後任西北師範大學教授的鄭文也有回憶：「伍叔儻師親講《昭明文選》指導各體文習作。對後者規定堂上一次，二時完卷；堂下一次，一周完卷。批示改正詳而鼓勵多，激發學生習作興趣，故均勇於寫作。春秋佳日，率學生採風問俗，遊山玩水，即事景而命寫之。一次出遊中途遇雨，入民家暫避。主人外出，主婦酒食接待甚豐而不餐費，惟求詩文而已，傳為美談。因習於堂上寫作，一九四二年六月教育部派員臨堂監考命題作文，匪特均能及時完卷，少數人以《文心雕龍》式駢文為之，居然可觀。監試者驚奇，向部回報，部亦異而稱焉。」

伍叔儻後來到香港中文大學教書，同樣是這麼特立獨行。在新亞書院聽過他講《昭明文選》的李學銘對此印象深刻：「每次上

課，他總是腋下挾著一個小包袱，徐徐跨入教室，徐徐向學生作一深鞠躬，徐徐在桌上解開包袱，再徐徐掏出一冊線裝書，放在桌上，然後徐徐揭開書頁……跟著他就開始講課。他在講課時，極少再看桌上的書，只是一面講，一面寫黑板，在連續兩個小時裏，詳徵博引，背誦如流。他的聲量不大，滿口鄉音，不疾不徐，初聽時極感費力，但聽懂以後，就知道他的解說能窮源究委，屢有勝義，而且時時語帶鋒棱，風趣幽默。聽著聽著，有時會忍俊不禁。在整整一學年中，他只講授了一篇《月賦》和半篇《文賦》，我們從中或可推想他解說、徵引的繁富和吐屬的從容。期中試和期末試，他都採用開卷答題的方式。期中試的題目是『《月賦》讀後』，期末試的題目是『《文賦》讀後』，大抵年年如是。他似乎對學生沒有甚麼要求，也不管學生是否缺席。特別的是，聽過他講課的同學，大多會自動去研讀《昭明文選》中的其他篇章，甚至會追讀個別作者的詩集、文集，並不會以《月賦》、《文賦》自限。」

總之，伍叔儻為人和藹，在學生面前沒有架子，很受學生歡迎。他關懷學生，傳揚一時。一位叫陳則光的廣東作家說：「一九四三年日寇侵入我的家鄉，大肆屠戮鄉民和逃難者，我哥哥及許多親鄰被殺害，這便是著名的廠窖慘案。系主任伍叔儻見我遭此不幸，經濟來源斷絕，轉託哲學系教授方東美介紹我任重慶市立中學語文教師，邊工作，邊學習。大學畢業，伍叔儻兼任中央幹校國文科主任，他介紹我任該科助教，並在附中兼課。」

但對於這種接濟學生的方式，在曾與伍叔儻同事的歷史學家朱東潤眼裏卻是──「抗戰中的學生，大多數是隻身在外，無依無靠，沒有考取的只望考取，一經考取，可以不費分文吃到三頓飽飯，只要畢業以後，系主任代他找到工作，那時即使系主任是文盲，也不愁無人崇拜。人們已經到了生存的邊緣地帶時，是沒有選擇的。」

在《朱東潤自傳》的《中央大學前四年》、《六年流傳》兩個章節中，大量篇幅涉及伍叔儻。朱東潤說：「伍叔儻是一位有名的鬥將，他在學校中能夠獨立作戰，並不要求教師們助威；教師們也樂得有這樣的系主任，明知他不過是一位黨混子，只要他對於教師們不加妨害，由他自己混去。」「伍叔儻每學期總有兩三次從沙坪壩趕到柏溪。他看到國文系學生總要殷勤接待，噓寒問暖，有時問他們愛讀些什麼書，有什麼作品。學生有的把自己的作品給主任看，伍叔儻總是說在柏溪一時也不能細閱，要帶到沙坪壩仔細看，看看他們日後適宜於怎樣的工作。這些作品後來我在沙坪壩伍叔儻的房裏看到，久已塵封累載，估計始終沒有經過什麼人的閱讀。」「伍叔儻的一手絕招是他的《後漢書》。他看到學生的時候，總是要他們讀《後漢書》。他把這部作品吹得神乎其神，好像讀了《後漢書》以後，什麼都能解決。」「從立場看，伍叔儻是一個國民黨後期產生的人物，不負責任，問題很多，是應當批判的。」

朱東潤的自傳寫於一九七六年，對於「應當批判」的態度是可理解的，不妨作為伍叔儻另一種解讀。

五

但伍叔儻大概是不會介意被批判的，他本來就是一位超凡脫俗的「怪人」。

曾任教於香港中文大學的邵鏡人猶記得初見伍叔儻時的印象：「我們中文系同仁，在九龍酒樓為他洗塵，初冬時候，他穿薄襯衫，紫色領帶，神氣十足，彷彿不知風寒為何事，短髭滿嘴，望之若不食人間煙火者然。」

伍叔儻常年洗冷水澡，所以不怕冷。他卓別林式的小鬍子是很著名的，身材也與卓別林差不多。錢谷融說伍叔儻做浙江省府秘書

長的時候，「有時他穿西裝，執手仗，在西湖邊散步時，一些外國人都把他當作卓別林，紛紛擁上前去大呼『Charlie！Charlie！』但也有些人看不習慣，《溫州日報》最近刊登伍叔儻的照片，校對人員以為他是日本人，弄錯了，一致要求編輯換下照片。胡頌平也說，「早年在廣州，有一位在中山大學的朋友，請先生到他家去吃飯。這位朋友的孩子初次看見先生威儀，被嚇得生病了。」

邵鏡人與伍叔儻等同事共游香港太平山，寫下了「個儻有伍叟，短髮如鐵針」的詩句。一天，伍叔儻突然板起面孔對他說：「我要到法院控靠你，你說我髭如鐵針，那末，凡是聞我名，而嚮往我的女郎，以為髭如鐵針，易刺人脣，從此不嚮往我了！」說完，伍叔儻哈哈大笑。邵鏡人感歎：「他的風趣，往往如此。」

在重慶的時候，伍叔儻一日三餐都上館子吃。有時嫌一個人吃太無趣，常邀錢谷融陪他一起吃。錢谷融說：「倒不是嫌食堂的菜不好，而是他散漫慣了，吃包飯得遵守一定的時間，還要與許多他不一定喜歡的人坐在一起，他受不了這些拘束，所以寧願多花些錢上館子裏吃。這樣，他可以愛什麼時候吃飯就什麼時候吃飯，愛上哪家館子就上哪家館子，愛吃什麼菜就點什麼菜，一切都可以隨心所欲，自由自在，無拘無束。」不久前，我帶著一幅寒齋所藏伍叔儻墨蹟的複製品，去拜訪錢谷融教授。他笑說，我「懶」，也是學伍先生的。

在香港的時候，伍叔儻也是這樣的作派。邵鏡人說：「香港、九龍有名茶樓，都有他的足跡，茶點費甚廉，他賞付侍者的小賬，往往超過茶點費，所以，各茶樓侍者，每見他到，莫不恭而且敬，笑語歡迎曰：『伍教授來了！』」

伍叔儻視金錢如糞土是一貫的。在中央大學，他是有名的「金融不通」教授。「工資到手，轉手就空。」錢花完了，有時竟一個星期靠西瓜、花生度日。伍叔儻在南京建了一座「暮遠樓」，胡適

為之題匾，據說也是借錢造的。鍾應梅告之崇基學院不能補助他從日本來港的旅費，伍叔儻回覆只兩句古詩：「男兒重意氣，何用錢刀為。」伍叔儻在香港明德銀號有存款，他每次取款，一定會說：「上大學之道去。」因《大學》首章即曰：「大學之道，在明明德。」後來這家銀行倒閉了，伍叔儻皺著眉頭說：「吾道窮矣！」有人問他有多少損失？伍叔儻操廣州話說：「一百蚊！」晚年，伍叔儻雖有豐厚的收入，但錢都是交給乾女兒管理的，日子依然窘迫。為此，徐訏在回憶文章裏疑惑：「在現代社會裏，住在親女兒的家都不一定是滋味，住在乾女兒洋女婿的家裏，竟是伍先生所樂為，也可見洋風日古了。」

伍叔儻對世俗看得開，常人難能做到。伍叔儻親口告訴錢谷融，中央大學文學院國文系主任汪辟疆在一次公開會議上嘲諷他推薦學生讀《晉書》：「聽說此書為一溫州人所提，足見其陋。」好像是談別人的事。香港中文大學籌辦期間，曾將三所成員學院的教員重定級別，最高級為高級講師，很多人感到不安。伍叔儻笑道：「世無孔子，何妨低級！若世有孔子，又何必高級！」

因此，熟悉伍叔儻的人莫不許為魏晉風度。他在臺灣的同事田倩君撰文，將之與竹林賢士阮籍並論。但他的散淡、瀟灑、倜儻、率性，何嘗沒有隱含著一種落寞。

伍叔儻初娶瑞安才子李孟楚之妹為妻，未婚而卒；繼娶張氏，一九二六年九月故。後又與程氏、余氏結婚，但均以離婚告終。張氏生二子。余氏是溫州樂清有名的美女，人譽為「六宮粉黛無顏色」，是國民黨要員張沖遺嬬。他們結婚當時很轟動。林損弟子徐澄宇賦詩祝賀：「乍聽求凰曲最優，瞞人蕭史上秦樓。雙蛾南國爭三豔，千騎東方第一流。但有羃羃增嫵媚，平添款款助溫柔。遙知此際芙蓉夜，應向天臺效阮劉。鸞鏡新開鳳尾羅，未春先已動陽和。巫陽嶺上初通夢，蜀錦江邊自染螺。來歲東風憐豆蔻，今宵明

月倚婆娑。從邙收拾凌雲筆，長向妝台伺眼波。」他們離婚也很讓人關注。伍叔儻的同鄉好友姚琮有《伍教授離婚》一詩：「不謂才人婦，無心共白頭。畫眉餘彩筆，覆水愧鳴驪。採菊山衡日，論詩月上樓。事成何足問，百草有忘憂。」據說，伍叔儻對余氏很深情，在她離去時，還送了一程。詩人陳含光說：「不意詩人敦厚之旨，重見於今日。」

　　然而，伍叔儻的落寞豈止是家庭變故。據說他自號「暮遠樓」是有「吾自暮途遠，吾故倒行而逆施之」的意思。閱《暮遠樓自選詩》，不時會讀到這樣的詩句：「月出夜向深，人靜蛙聲鬧。中間雜鳴蜩，秋意亦甚妙。獨居不稱意，時若病初療。冀寫幽憂辭，思涸情亦躁。微論委曲懷，學古且遺貌。坐視明燈光，不眠用自悼。平生千萬事，辛苦誰相告。已覩青春逝，來者又誰料。方當隨昔賢，賦文以自吊。」「水面鏡與平，因風有高下。我心本如水，近日劇奔馬。諒未識其故，覽古冀一寫。又厭古人言，常歎知音寡。內聽誠清新，毀譽無不可。豈況流俗子，誰為賞心者。風定水不波，傲然成獨坐。」「人生滿五十，世事漸已厭。維當未死頃，處身良可念。亦有勸我去，獨往以深潛。或則人境中，廣交不畏濫。二論各有非，適已庶無憾。近將赴異城，清靜期息擔。俯仰百年中，為時誠乃暫。自今任逍遙，通如舟泛泛。各因風水便，一葦便可帆。」

　　正如錢谷融指出的：「儘管所謂魏晉風度，即便是當年的竹林名士以及稍後的清談勝流，在顯幽燭隱的『科學的』解剖刀下，也難免會露出些不堪入目的本相來。伍先生自然也未必真能超然物外，胸無纖塵。但在那舉世滔滔、滿目塵囂的黑暗年代，確有一些讀書人能夠耿介自守，不肯同流合污，為社會保存一點正氣，這不也是大可令人欣慰的事嗎？伍先生就是這些讀書人中的一個。」

與伍叔儻同時代的劉半農也說過：「一個人的思想情感，是隨著時代變遷的，所以梁任公以為今日之我，可與昔日之我挑戰，但所謂變遷，是說一個人受到了時代的影響所發生的自然的變化，並不是說抹殺了自己專門去追逐時代。當然，時代所走的路徑亦許完全是不錯的。但時代中既容留得一個我在，則我性雖與時代性稍有出入，亦不妨保留，藉以集成時代之偉大。否則，要是有人指鹿為馬，我也從而稱之為馬；或者是，像從前八股時代一樣，張先生寫一句『聖天子高高在上』，李先生就接著寫一句『小百姓低低在下』，這就是把所有的個人完全殺死了，時代之有無，也就成了疑問了。」

香港作家容逸說，憑伍叔儻的出身、學歷，是完全可以成為一位當代的「名學者」，「但是，他的徹底的詩人根性、他的詩人的不凡超俗的慧眼，使他能夠透視這一層層虛偽的煙幕，而獨脫群流；他的一生所表現的，徹頭徹尾是個詩人的真性。」

在那個時代，在大勢前面，伍叔儻沒有隨波逐流，只做一個「我」，真是難能可貴。

伍叔儻老家所在瑞安上河村是飛雲江泥沙衝擊成的狹長三角洲。伍叔儻求學而去的古渡口尚在。現存祖宅雖是一九二八年失火後重建，但歷經風雨，已是殘缺不全，牆頭屋內的裝飾讓人記起當日輝煌。氣派的門台被一場颱風刮塌，一副隸書對聯：「戢形陋室；佹志清流。」依稀可辨。傳聞為孫詒讓的堂弟孫詒澤所書，伍叔儻的父親伍小園與之交厚。

伍叔儻最後的歸宿在香港跑馬地天主教墓園。二〇〇八年夏，我借旅港之便，在他的墓前獻上了一束菊花。我還去了香港中文大學，尋訪當日他的蹤跡。那是一座讓人心儀的校園。「崇高惟博愛，本天地立心，無間東西，溝通學術；基礎在育人，當海山勝境，有懷抱與，陶鑄人群。」伍叔儻在校時，這副長聯就立在崇基

學院門前了。鍾應梅記得，伍叔儻晚年常說：「崇基是基督教學校，又是政府辦的學校，而空氣曾無硬化的感覺，實在是講學問的好地方！」又笑改香港基督教大專公社基石銘文「基督之外，更無他基」為「崇基之外，更無他基」，說：「我大概將老死於崇基了！」結果，伍叔儻真的老死在這裏。

問鄉人，問為我引路的崇基學院校友，茫然不知伍叔儻。他那用氣力做成的詩，今日更無幾人能懂了。

「伍先生死後的沒沒無聞，是這個時代的悲哀！」雖然容逭說的這話有些過頭，但不無道理。

歷史推手黃群

一九四〇年一月三日，高宗武、陶希聖攜帶「日汪密約」，秘密離滬。當月二十二日，《大公報》香港版全文刊出密約內容，給了日寇與汪精衛集團沉重打擊，史稱「高陶事件」。

在這起震驚中外的歷史事件中，一位叫黃群的溫州人參與謀劃，推動了當事人的思想轉變和事件進程，卻甘居幕後，鮮為人知。後來雖有一些文章提及，可大多為局外人所述，缺乏第一手材料。當事人陶希聖早有回憶錄問世，但曹聚仁認為他是黃群「不自居功拉來做配角的」，陶氏回憶錄對此「閃爍其辭」，而高宗武則一直保持沈默。

二〇〇九年初，湖南教育出版社、中國大百科全書出版社幾乎同時推出高宗武的回憶錄，使塵封了六十多年的重要文獻終於重見天日。這兩本書一從中文原稿《日本真相》直接整理而來，一從英文稿轉譯命名為《高宗武回憶錄》，內

高宗武夫婦與胡適

黃群是民初有影響力的政治活動家、實業家，藏書家

容大抵一致。高宗武的回憶錄不僅表達了他對日本的看法，而且披露了一些重大事件的細節，有相當的史料價值。其中涉及黃群在「高陶事件」事件中所起的作用。同時，中文稿的整理者夏侯敘五根據高宗武留下的大量材料，撰寫了《高宗武隱居華盛頓遺事》一書，有專談黃群一節，發佈了黃群致高宗武書信等材料。這些，無疑豐滿了黃群的歷史形象。

黃群，生於一八八三年，祖籍平陽鄭樓，原名沖，字旭初，後改字溯初。作為民國時代有影響的社會活動家，在政治、經濟、教育、文化等領域均有所建樹。

黃群早年讀科舉之書，一九〇一年入杭州養正書塾（後改名杭州府中學堂），時同鄉陳介石、宋恕正任教於該校，深受薰陶。曾隨編輯《新世界學報》，發表《法學約言》、《公利》等文，宣揚盧梭、蒙德斯鳩等西方啟蒙思想家學說。一九〇四年，自費留日進早稻田大學攻讀政法，與陶成章、蔣百里、周赤忱等革命黨人交往很深，政治救國的思想進一步加強。一九〇八年，學成歸國執教於湖北法政學堂。

　　一九一一年武昌起義後，黃群即趕回浙江，支持他的同學、新軍統帶周赤忱等響應辛亥革命。杭州光復後，黃群被推舉為浙江代表之一，參與制定《中華民國臨時約法》，投票選舉孫中山為臨時大總統。

　　隨後，黃群發起組織民國公會與共和黨。一九一三年，梁啟超加入共和黨。不久，共和黨改組為進步黨。黃群在杭州讀書期間，就常閱讀《新民叢刊》，為其後來追隨梁啟超埋下伏筆。袁世凱吞食革命成果，欲行帝制，梁啟超等堅決抵制，護國運動爆發。在這場鬥爭中，黃群受到梁啟超重用，襄佐梁啟超舉起「保衛共和」大旗，名垂青史。主要功績有三：一是遊說馮國璋同情贊助起義。二是接辦《時事新報》作反袁輿論陣地。三是由滬入桂，陪同梁啟超赴西南第一線。這其中有一段著名的故事，就是蔡鍔攜妓逃離京城，雲南起義，有一說法此為黃群設計。

　　一九一八年十二月的一個晚上，梁啟超、黃群、張東蓀談了一個通宵，「著實將從前的迷戀的政治活動懺悔一番，相約以後決然放棄，要從思想界盡些微力。」黃群「換了一個新生命」後棄政從商，改組通易商號，獲得上海證券行市的發佈權。一九二一年，招股成立通易信託公司，經營銀行信託業務。並為家鄉近代化建設出謀劃策，發起創辦溫州首家電信企業東甌電話股份公司、首家地方銀行甌海實業銀行、浙南第一家自辦醫院甌海醫院等等。

　　在教育方面，黃群亦有所為。早在留日期間，就建議設立專司溫州、處州兩府教育機構，得到認同，為「溫處學務分處」的設置作了不少鋪墊工作。在民國成立之初的非常時期，倡議成立「民國大學」。一九二一年，在家鄉投資開辦小學，後將校產捐獻給省政府，用以創辦省立溫州師範學校。

　　黃群還是一位藏書家，其藏書處「敬鄉樓」藏書數萬卷，以地方文獻特色聞名。一九二八年起，黃群出資選刊《敬鄉樓叢書》，

黃群墨跡

計四輯三十八種七十八冊。這是近代溫州較大規模的先賢著述整理刊印活動之一,深受學界肯定。

因此,有論者認為:「在近代溫州人物中,為桑梓舉辦事業,內容之豐富、規模之可觀、嘉惠之普遍、影響之深遠,除了瑞安孫詒讓,恐無有出其右者。所不同的是,孫氏蟄居故園,身體力行,傾注了自己的心力;黃氏則主要通過輸財捐資,興辦各種事業。」

黃群雖退出政治前臺,但繼續參與了梁啟超在「思想界盡些微力」的工作。特別在其晚年,於「高陶事件」中所起的作用,無愧於「幕後政治家」的稱譽。

一九三九年二月,高宗武赴日為汪精衛奔走。時通易公司已倒閉,黃群為避債居於長崎小濱。高宗武在《日本真相》中說:「我到長崎之後,第一個我要去看的人是我的同鄉前輩黃群先生。……他住在小濱,是長崎縣的一個鎮,就在雲仙山下,面海背山,風景絕佳,於是我約他到雲仙山上一家旅館見面,當天晚上我們就住在那裏。」「我們都是溫州人,溫州有一種土話,與其他任何中國的

土話都不同，於是我們精細地檢查房間內有無答錄機之後，就用我們家鄉土話談天。」「吃完晚飯之後，我就和這位黃先生在我寢室內談天，一直談到深夜四點鐘。當天晚上，我和他決定兩點：一、無論如何總要設法叫汪不被日本人利用，任何日本人分化中國的陰謀都要把它破壞了。二、我到東京之後，只聽日本方面之意見，不作任何主張。」

黃群有一首《高宗武來訪同宿雲仙觀光旅館賦贈》說的正是那天晚上的事：「平生朋舊知多少，誰訪孤蹤到日邊，為我遠來留一宿，與君闊別忽三年。身經夷險情逾見，談到興亡思欲然，山館高寒夜寥寂，偶聞石罅瀉溫泉。」

「黃先生對我說，他本來是進步黨，與國民黨處在對立的地位，他今天之所以流亡海外，國民黨也不能完全沒有責任，但在國家這種危急存亡的時候，只希望國民黨成功，蔣委員長抗戰勝利。他已是六十多歲的人了，身體也不好，不能為國家奔走，希望我多多努力，替國家奔勞，勿畏難，勿怕人罵，說的十分誠肯。至於我所以對他特別尊敬的原因，是他的確與一般人不同，他每次和我談話，總是希望我替國家做事，勿替個人打算；他對我也特別的愛護，真可以是無微不至。」高宗武從心底感激黃群對他推心置腹，下定決心懸崖勒馬。

是年秋天，黃群來上海，高宗武介紹他去見汪精衛。「與汪談了兩小時話，他力勸汪氏勿被日本人利用，趕快走開。汪答應說，『寧死不讓』，可惜這句話後來他未能履行。」

與此同時，黃群為高宗武出走準備，差遣親戚潛回家鄉把高家老小轉移至安全的地方。並通過同鄉好友、銀行家徐寄廎，聯絡到杜月笙，並與杜飛抵重慶，告知蔣介石高宗武反正的消息。這一點，高宗武在回憶錄中明確表示：「那時我已與黃溯初、杜月笙二位先生聯絡好出走香港。」

高宗武到港後，蔣介石寫信給他說：「今後如願返渝作研究工作亦可，不過，依愚見，最好渡美考察。」高宗武心領神會，攜妻離國。黃群作詩贈別：「去年初春君訪我，雲仙共話到深更。今年初春我送君，九龍握手意難分。交情應與年俱積，春去由來不容惜。但使花開勝舊年，根深哪怕春風顛。救國須從自救始，猛然掉頭覺今是。此去歐洲復美洲，最難梁夢得同遊。去舟倘夢西湖與，故國還憂金甌缺。不櫛欲加博士銜，男兒志氣更非凡。平生對君久期許，舉杯不欲時效語。功名有命莫嫌遲，請君記取贈別詩。」

據《高宗武隱居華盛頓遺事》透露，高宗武計取「日汪密約」之後，黃群還為高宗武的「出路」、「待遇」、「撤銷通緝令」等具體事項，親筆致函陳布雷轉呈蔣介石，得以受到蔣的召見，順利解決「高陶事件」所留的尾巴問題及高宗武的「後事」。

高宗武定居華盛頓後，不時通過杜月笙瞭解黃群的情況。得知黃群生病，在美為其訪醫問藥，託杜月笙等人轉交。

一九四五年二月二十二日，黃群修書一封請杜月笙轉寄高宗武：「余自小濱返國以迄於今，對於國家常以犧牲之精神，做開濟之貢獻，不幸無效，忍性等待至於今日，而余之初衷，一如昔也。余與信如先生所談者，皆係肝膽之言，已面懇奉達於左右矣。來日能否見諸行事，雖曰人力，亦關天命，余八十三歲老病之軀，餘生修短，在所不計，所希望者，唯能親身目睹真能奠定新中國建立之基礎而已。請兄與信如先生面商之後即設法以要情函示為幸。」信中所提信如先生為時任駐美大使館陸軍武官蕭勃。

黃群拉了在懸崖絕壁邊行走的高宗武一把，也曾推了同鄉後學朱鏡宙一把。朱鏡宙在其自傳《夢痕記》中說：「自民國元年至八年間，我的生活，離不開筆墨與剪刀。但民國九年起，生活的指標，卻朝向另一個角度；其中推動的，算是永嘉黃溯初先生。」

　　當時，朱鏡宙在報界小有名氣，南洋歸來，寫成《英屬馬來半島》一書頗受好評。一個偶爾機會，朱鏡宙得識黃群。黃群約朱鏡宙去吃飯。席間，黃群笑說：「我在民國六年，早就認識你了。」朱鏡宙問：「怎樣認識我？何以我都不知道？」黃群答道：「民國六年，中日記者聯歡晚餐會，約百餘人，有許多人演講，你也是其中之一。一再打聽，始知你是溫州人。當時我覺得你這個小夥子膽子很大，就開始注意你了。」黃群一席話，深深感動了朱鏡宙，「像這樣愛護我的話，在茫茫人海中，還沒有聽到過半句。」黃群問朱鏡宙今後的打算，他答：「預備再去荷屬爪哇，搜集材料，完成第二部南洋著作。」黃群說：「很好！中國銀行，有個經濟調查室，希望你能替中國銀行，做些南洋經濟調查工作。」朱鏡宙後被任命為中國銀行南洋經濟特派員，每月津貼五十元。黃群還請朱鏡宙為《時事新報》寫專欄。

　　朱鏡宙本來一直在報業服務，二次南洋調查歸國即轉向金融財經界，並有所成，歷任中國銀行福建分行副行長、上海市銀行經理、甘肅省財政廳長、陝西省財政廳長、川康區稅務局長等職，應該說與黃群的推動有直接的關係。

　　以上諸事，可見黃群高尚的人品和周全的謀略，恰如胡適曾說的：「收穫不必在我，而耕種應該是我們的責任。」

　　回顧黃群一生，在歷史舞臺上所扮種種，皆非主角，大多時候只是配角，甚至不過場記、燈光這樣的工作人員，只從字幕中出現，不見形象，但他其實是高明的導演。黃群所處年代正值新舊交替，社會動盪，形形色色的力量風起雲湧，且其政治抱負、社會建設理念有一定的局限性，勢必四處碰壁，到頭來只能無奈而終。但不可否認的是，正是黃群這樣的歷史「小人物」推動了那個時代的國家和民族的發展和進步。反觀當下，缺失黃群這種不計名利、敢作敢為的精神，缺少黃群這樣的歷史推手，大多數人或樂於聚斂財

富，或淪為個人主義的信徒，只掃門前雪，對於國家民生之建設、公民社會之推動，沈默寡言，啞然一片，實乃可悲可歎。

黃群晚年倍受戰火之苦，顛簸流轉於香港、桂林、重慶等地，心力交瘁，一九四五年四月二十六日故於重慶，未能親見抗戰勝利。

一九四七年五月，其遺稿《敬鄉樓詩》由顧廷龍排比校寫，徐寄廎等友好集資付印。是書共三卷，計四百五十四首，均為五旬以後所作。據顧廷龍的學生沈津說，「此本楷書，為先生中年時所為，先生之所以手書，蓋因上海物價日漲，百姓日不敷出，為省排版費，由先生寫藥水紙直接上機石印。差不多同時間出版的《合眾圖書館叢書》十五種裏，先生也書寫了數種。當然，這對於先生來說，也算是苦中作樂。」據說《敬鄉樓詩》只印了五百冊。是書出版六十年後，我偶得五百冊之一冊。同年，我在上海古籍書店二樓角落裏發現一堆《敬鄉樓叢書》，一至三輯六十冊，品相尚好，原封面、題簽均在，不知是從哪家收藏機構流出，每冊都編了號，併合訂精裝成十四厚冊，但無蓋收藏機構的章，心喜不已，遂購藏。睹物思人，常念黃群敬鄉之情。

「德不孤，必有鄰。」自二〇〇一年起，溫州市政府投入專項經費，進行新一輪的地方文獻整理出版工作，至二〇〇七年《溫州文獻叢書》累計編輯出版四輯四十部四十八冊計二千萬言，含盧禮陽輯《黃群集》。《溫州文獻叢書》續編《溫州文獻叢刊》仍在進行。若黃群地下有知，當欣慰矣。

半卷蔣叔南

只曉得現在的有些記者喜歡翻名人隨身攜帶的包，看看裏面藏了什麼，用的東西是什麼品牌的，美其名為細節採訪。偶翻《吳虞日記》才知，民國時代的記者也會這一手。吳虞在一九二七年九月二十一日日記中寫道：「今日報，蔣介石隨身攜帶之書籍，僅有數種，為《曾文正全集》、《興登堡成敗鑒》一冊、《蔣叔南遊記》二冊，間輒省覽。」吳虞沒有寫明是哪份報紙，疑是《申報》之類。那一年，蔣介石在北伐途中發動了「四・一二」政變，讀者們當然很想知道這位政壇明星所思所為，而春風得意的蔣介石欣然接受採訪，甚至樂意讓記者翻看自己的隨身讀物。這裏，姑且不論蔣介石生此舉是否作秀，只説他那攜帶的那本《蔣叔南遊記》。

蔣介石讀《曾文正全集》、《興登堡成敗鑒》，容易理解，但他為何又帶著《蔣叔南遊記》。依我看，不是蔣介石喜讀遊記，而是因為與作者蔣叔南是同學及戰友關係。

蔣叔南出生於一八八五年，名希召，別名雄，以字行。一九〇七年夏，浙江武備學堂畢業後，被選送保定陸軍速成學堂，與蔣介石同期。第二年，蔣介石赴日留學，蔣叔南與另外幾位同學一起為之餞行。一九一一年，蔣叔南辭去溫州師範學堂經學與體操教習一職，赴滬投奔蔣介石任團長的陸軍第八十九團，擔任團附，參與上海光復之役，並曾同去寧波招兵，任滬軍招兵指揮部參事室主任。

蔣叔南一生喜愛旅遊

蔣介石攜帶的《蔣叔南遊記》當是作者所贈，書名應為《蔣叔南遊記第一集》，上下兩冊，鉛印本，一九二一年六月上海福興印書局排印。好幾年過去了，而蔣介石還帶著這本書，或許可以作為他們在戎馬生涯中建立的友情的某種見證。只不過，後來，蔣介石與蔣叔南走上了不同的道路。當蔣介石逐漸將大權集於一身時，蔣叔南早已解甲歸田了。

這自然有蔣叔南仕途失意的因素。

中華民國成立後，蔣叔南初任浙江第五區禁煙監督，駐紹興，後赴北京任大總統軍事諮議官，為袁世凱所「驅策」。據國民黨的一份檔案透露，蔣叔南在此任內曾受袁「嗾使」，謀殺孫中山未遂。因此，當一九二七年蔣介石「清黨」時，他被人指控而入獄，後「並未證明事實」獲釋。但有此污點，政治已然沒有前途了。

事實上，袁世凱鼓吹帝制之際，蔣叔南悄然離京，有意無意躲開了這場歷史逆流。後與同鄉黃群一道，追隨梁啟超走上了反袁之路。蔡鍔去世，蔣叔南在公祭上宣讀祭文，「及半，已嗚咽不能成聲，繼以大哭」。

梁啟超等倡議成立蔡松坡圖書館，蔣叔南列創辦人之一，並服務於研究系機關報《時事新報》。

雖然蔣叔南並未愚忠於袁世凱，但經此一事，對天下時局和個人前途心灰意冷，自感「身後茫茫天未知」，「慨然有蹈隱之思」。特別「清黨」時被關押後，更是堅定了「謝絕政途，不問世事」的決心。

一

蔣叔南歸隱山林之後，所作作為可歸結為兩種形象：一是行者，二是山人。

先說作為行者的蔣叔南。

蔣叔南酷愛旅遊，曾說過：「余性喜動而又愛逸。惟逸宜靜，惟動多勞，二者相背似不得兼。寓逸於動，其惟遊乎？」對於這個「遊」，他認為有「上遊」「下遊」之分：「上焉者以神遊，莊子所謂乘長風御六龍，遊乎四海之外者，放得自然，不以遊為遊者也。余之遊拘泥區域，流連風景，以遊為遊，遊亦下遊也。」

又說：「人生斯世，擾擾塵寰，終日埋頭窗下，所為何事？欲圖行樂，山水最佳，奇峰峭壁自尊骨格，怪壑古洞能消鄙吝，飛瀑奔流可增活潑，深潭巨淵能資涵養，見智見仁，不徒廣耳目聞見，飽風霜閱歷已也。」堪比英人培根所說的「讀史使人明智，讀詩使人靈秀，數學使人嚴密，物理學使人深刻，倫理學使人莊重，邏輯學、修辭學使人善辨；凡有學者，皆成性格」。

一九一七年至一九二〇年，蔣叔南享樂於山水之間，遊歷了浙江、福建、安徽、山東、北京、河南、山西、江蘇等省市諸多名山大川。

對於旅遊，蔣叔南有自己的方式。比如他喜歡在初冬時節獨自出遊。因為這個時候「紅葉之美麗為他時所無」，而「伴少則

心志相合，可以隨處流連，山中供給不繁，宿食便利。若成群結隊而來，是鬧山，豈遊山耶？」再比如對旅途中攜帶之物準備，講究物質的與精神的一應俱全。他在《天臺山遊記》中寫道：「內地交通未便，行旅艱難，遊客對於攜帶物件亦當煞費斟酌，日用各物備帶則困於搬運，少攜尤覺不便。於海門出發時，整飭臥具、食料、寒衣、盥漱器、文具而外，並攜李白詩一部，台州府之《水陸道里記》兩本，十二倍遠鏡一付，攜帶照相機一架，紫竹簫一支，雨衣一襲，芒鞋三雙，白蘭地兩瓶，皆余之旅行中所必不可缺者。」

蔣叔南雲遊四方，積累了一些獨到的旅行經驗。一位叫蘇竹影的旅行者應《旅行雜誌》之徵寫了一篇〈我的旅行常識〉，認為旅行中不可少的東西是一把溫水壺，而重要的東西是一雙鞋子。蔣叔南讀到以後，也寫了一篇〈我的旅行常識〉，提出比鞋子還要緊的東西是襪子。「吾人現在所用的襪，是紗織的，或是絲織的，俱嫌質地松薄，易破而不耐用。普通所用絲紗之襪，未有行百里而不破者，襪生破綻，著腳即不覺平，行道既久，能令腳部易生水泡，或結厚繭，不良於行。」蔣叔南認為，「遠行之襪，亦以布製為最相宜。」而且，襪不可寬，不可緊。他上黃山，便是穿著妻子為他特製的布襪。而旅行之鞋「則以布條製成之草鞋為最相宜，或購用和尚用之羅漢鞋，通氣而輕便甚焉。」另外，「手杖可以減少疲勞，扶持危險，亦登山涉水所不可缺者」。蔣叔南之說，使蘇竹影「欽佩莫名，茫茫天涯，得遇知音，引為大幸」。聞知蔣叔南歸道山的消息，遂寫就〈蔣叔南之襪子〉短文紀念。此係後話。

蔣叔南喜遊，亦喜記，結集有《蔣叔南遊記第一種》，散佚在《旅行雜誌》等處有數十篇。其遊記體例、情趣從徐霞客遊記中化出，少抒情，重紀實，為近現代遊記作品中少見。「遊中所記，按日計程，遇物即書，繁委瑣碎，如家常雜賬，油鹽柴米，隨手拈

蔣叔南墓

來，非能藉眼底山川，抒胸中邱壑也。」「自來遊記多為籠統模糊之詞者，余最厭之。余所記曾經各山形勢，無一字不實不盡者，否則自欺欺人，負疚神明，果何為者？」因此，蔣叔南的遊記信息量大，知識點豐富，於今仍較多參考價值。

在蔣叔南的遊記中，我們還可以讀到他尤其反對某些景點新建樓閣胡亂添飾使其「失去真相」的行為，斥之為「煞風景」，表明了他的景點開發理念。

蔣叔南的個性旅遊，意識超前，幾可媲美於當今「驢友」，帶書攜簫讓人想起時下「帶一本書去旅行」的說法，他的「旅行常識」和導遊手冊與世界知名旅遊指南書Lonely Planet系列有異曲同工之妙。

因此，梁啟超稱譽蔣叔南為「徐霞客第二」，《旅行雜誌》讚頌蔣叔南是「中國近代第一旅行家」，當之無愧。

二

蔣叔南是溫州樂清大荊人，家離雁蕩山五里，自幼在山間成長，「其奇秀靈怪，知之獨詳，搜之靡遺，每以自喜」。蔣叔南

一九一四年，見「雁蕩之明堂」靈岩寺「近甚零落，無僧居，田產盡為人有」，蔣叔南便與弟蔣季哲、友潘耀庭出資贖回，「稍為整理，得托足焉」，並墾荒種植松杉柏樹五萬株，毛竹一萬竿。後將寺產和山場林木無償歸還靈岩寺

説：「吾輩生長山間，對於遊客有竭誠招待之業務。」他視雁蕩山為「家山」，並自號雁蕩山人、雁蕩亦澹蕩人、仰天窩人，可見有很濃的鄉土情結。蔣叔南死後，其墓碑亦題：「山人蔣叔南之墓。」其山人之形象，想來是深入人心的。

蔣叔南的父親炯，「教書授徒為業，以學行著鄉里」，著有《雁蕩金石志》。兄希周是光緒廿九年癸卯科舉人，曾為《雁山引勝》作序。弟季哲曾任浙江常山縣知事、眾議院議員等職，後下海從商，任上海通易信託公司專務董事等。蔣叔南本人返鄉前官至陸軍騎兵上校。蔣家在當地，無論政治背景、社會地位，還是經濟實力，均有一定的影響。

因此，作為山人的蔣叔南，也有兩面。一是經營名山的一面，二是鄉紳豪族的一面。

雁蕩山雖人稱「寰中絕勝，海上名山」，有道是「不遊雁蕩是虛生」。但這一切只定格在文人墨客吟詠之中，風景只是風景而已。唐宋以來，乃至近代，因認識所限，對這座「大美之山」是談不上多少經營開發的。到蔣叔南一代，「山間人事，日就衰落，琳宮梵宇，觸目荒涼」。

蔣叔南感歎「雁山抱磊落嶔奇之慨，懷清拔幽寂之致」，卻「賞識乏人」，有志振興與補救。

由於上述蔣叔南對旅行的非傳統理解，加之遊宦京滬多年所累積的見識和人脈，使其經營雁蕩山之舉有頗多現代意識。

據盧禮陽編校《蔣叔南集》前言及年譜所述，蔣氏經營家山，不僅有鋪橋修路、維護文物古跡、開發新景點等基礎設施方面的建設。如一九一四年，見「雁蕩之明堂」靈岩寺「近甚零落，無僧居，田產盡為人有」，便與弟蔣季哲、友潘耀庭出資贖回，「稍為整理，得托足焉」，並墾荒種植松杉柏樹五萬株，毛竹一萬竿。後將寺產和山場林木無償歸還靈岩寺。一九一九年，築屏霞廬，方便遊客住宿。一九二一年二月，修築龍鼻天窗二嶺及小龍湫道路。同年秋，從吳姓山農處購得烏洞地帶荒涼土地，予以整修，取名瓢飲穀。一九二四年二月，重修謝公嶺，蔣季哲出資五百元；五月，發倡議捐資重修馬鞍嶺。一九二六年秋，在仰天窩建平屋三間。此勝地位於紫霞嶂頂，奇峰環拱，前有三畝見方小湖，歷代雁蕩山志未提及，為蔣叔南發現。同年，在龍鼻洞前設置護欄。等等。

而且，為提高雁蕩山軟實力，先後出版《雁蕩山》、《雁蕩新便覽》《雁蕩山一覽》等攝影集和導遊手冊，並歷時五年重修《雁蕩山志》。同時，大打名人牌，或邀請或招待張元濟、蔣維喬、傅增湘、莊蘊寬、張一麐、林琴南、李拔可、高夢旦、高鶴年、錢名山、李佩秋、康有為、屈映光、黃賓虹、陳叔通、梁鴻志、劉放園、丁輔之、趙叔雍、黃炎培等數十批次賢達來雁蕩旅遊，盛情招待，可謂是無微不至。莊蘊寬曾記：「凡所遊覽，皆君為預計表而説明之；登高臨深，君扶之掖之，無須臾暇。君豪於飲，興酣言論搖五嶽。時或舟行客眠，而君方獨醒防盜；余等或醒而起，君乃解

衣當風而鼾。」這些社會名流遊覽雁蕩山之後，留下了大量的詩詞字畫，給雁蕩山增添了一筆寶貴的無形資產，大大傳播了雁蕩山的美名。

在蔣叔南的帶動下，當地人日益重視對雁蕩山旅遊資源的保護和利用。一九三二年，在《雁蕩質疑》一文中，蔣叔南總結了多年來雁蕩山經營種種及變化：「今日之中國內政不修，民財日蹙，欲於深山窮谷之中，立呈興盛之象，本非易事。惟雁蕩自二十年來則頗有振作氣。計民國二年道人蔣宗松與北斗洞，五年阮石泉與長春洞，七年舍弟季哲起屏霞廬，七年僧良德與觀音洞，十一年僧成圓與靈岩，同年僧了恩與羅漢寺，十二年又化與能仁寺，十六年叔南與仰天窩，十七年又化與雲曇庵，十八年成圓與飛泉寺，二十年月川與淨名寺，今年道人郟子屏與古竹洞；其他如修路鑿嶺之事，年有舉行。……現在遊客戾止，則到處可以棲宿。大多數之遊客，則靈岩寺、淨名寺、羅漢寺、能仁寺、北斗洞、南碧霄等皆可宿也。」

值得一提的是蔣叔南對於過度開發的擔憂，他在《雁蕩山一覽》中正告當局者：「一，雁蕩之奇在於耐人觀玩，汽車路應不以直達山中為宜；二，山中宜絕對不許有力者隨便建築，至蹈西湖、廬山之覆轍，則雁蕩所深幸也。」顯示了他的見地。

因此，時人莫不以為蔣叔南是「雁蕩山中興主」、「雁蕩山主人」。

三

然而，蔣叔南作為地方鄉紳豪族，卻是一個「山大王」的形象，為鄉人詬詈。

一九二四年六月一日，《樂清導報》曾刊登《各方報告兩則》，歷數蔣叔南惡行，質問其人格：「在洪憲時，蔣充南方偵探長者，以私冤誣陷孟藩侯二次革命，槍而斃之，此洪憲走狗。去年十月，誣陷山后堂和尚以奸事，受賄二百元。今年正月初二，蔣在自治大擺賭，大鬧燈，抽頭為利，二月初三四起，蔣在商會大開煙賭，大迎花燈，引誘十都弟子，抽頭為利。去年十月，永嘉湯楚臣海上失鹽一船，竊者運銷於大荊商家，大荊向無官鹽，商人只知為鹽，而不知此為賊鹽，誤賣此鹽者有二三十家。湯偵知，遂入大荊，包與蔣辦理，蔣敲剝商人計二千金以上，湯惟取代價三百金而已。還有，大荊之城，廢於明，自清開國以來，失城資格，破瓦頹垣，或斷或續，已成陳跡，居民負郭而起者千家，蔣在官產註冊，收為己業。今年三月初五日，蔣大舉拆城，拆城即拆屋，市民大起恐慌。蔣敲剝每間十五元以上至百五十元，其錢不可勝計。」「蔣與陰曆三月十八日下午五時，卒同防營員警及家兵抄入仇約三家，親自指揮，拆屋搗牆，碎瓦頹垣，不堪入目。因為仇約三在縣議會講演《制憲之貢獻》，稍稍論及蔣不足當省憲代表，蔣聞之大怒，故發難。」

此兩則報告從印刷品上所錄，雖類似大字報，但並非捕風捉影。蔣本人有《蔣希召正告天下為仇約三誣衊開賭提燈事請求公判》發於報刊聲辯。樂清知事李藩來調解，蔣叔南指責其懦弱，不讓回府。

一九三〇年，國民黨樂清大荊駐軍因數月領不到糧餉而發生兵變，連長張玉芝率部前往投靠溫嶺塢根浙南紅軍，紅軍派人去大荊接受，而後與永嘉紅軍匯合，聲勢浩大，引起當地官府警覺。蔣叔南策劃張玉芝「滅匪歸營」，張玉芝遂倒戈，紅軍損失慘重。不甘失敗的兩地紅軍，謀劃反擊，到海門搶奪武器。路經大荊，襲擊民

團和地主成功，欲返回永嘉。蔣叔南在必經之地隘門嶺設下埋伏，紅軍被打散，數十人陣亡。蔣叔南命令搜山，抓獲數以百計紅軍，而後設公堂，一一審問，「但沒問幾句，就被拉出殺掉」。

蔣仇糾紛和隘門嶺慘案的真相，可能還有很多不明之處，但此兩事可以看出蔣叔南性格強悍乃至兇惡是無疑的，橫行鄉里或不為過。就算蔣叔南有理，但強拆仇宅，架空官員，便是流氓無賴行徑了。以當時意識形態看，蔣叔南站在自己的政治立場，保家護院，有合理的地方，但窮兵黷武，殺害戰俘，就過於血腥了。

《清稗類鈔》記載，蔣叔南讀書時見溪邊有狗頭虎在捕殺一羊，與友五人持木而出，擊之欲獲作下酒物。其性格中天不怕地不怕的一面，在少年已見端倪。且蔣叔南酒量頗大，「長鯨呼吸，一飲千鍾」。蔣叔南歸隱山林，但未改行武習性，幾乎無一日不習拳舞劍。隘門嶺設伏，更爆發了蔣叔南長期潛伏於心的領軍作戰情結。

名士乎？山大王乎？

在外地人看來，蔣叔南喜歡讀書，文武雙全，善遊能記，喜好結交，確實名士。

在本鄉人眼裏，蔣叔南有錢有勢，行事張揚，為所欲為，無異於山大王。

不由得想起湖南葉德輝，「出入公門，魚肉鄉里，⋯⋯論其人實無可取，然精於目錄之學，能于正經正史之外，別具獨裁，旁取史料，開後人治學之門徑。」

不由得想起蔣叔南的死。蔣叔南蹊蹺落水而逝，有人說是他殺，有人以為自沉。仇殺的理由不用多說了，蔣叔南在地方強勢，積怨甚深，而山區民風強悍，仇殺並未沒有道理。自沉則是家事刺激所致。蔣叔南有一子天駿，與考古學家夏鼐中學同學，擅書畫，與人合編有劇本、歌曲集。雖才華橫溢，但喜食鴉片，又為祖母

溺愛，蔣叔南難以管束。而且，各方名流留宿蔣宅，此子常順手牽羊，讓蔣叔南沒有面子。再加上手足兄弟季哲故去的打擊，蔣叔南極度憂鬱，選擇了自沉於石門潭。蔣季哲對蔣叔南經營名山事業幫助最大，他的死于蔣叔南而言好比失去了左右手。

有意思的是，持他殺論的多是本鄉百姓，特別是隘門嶺慘案的家屬，素知蔣叔南在鄉里所為。而傾向於自沉說的，則多是蔣叔南邀請來的那些名流及地方賢達如劉景晨、蔡旅平等，他們只知蔣叔南名士之舉。

牛年歲尾，傅國湧回鄉省親，前往拜訪。在樂清桃園書店，談起蔣叔南。傅是大荊人，與蔣叔南同里。他自小就聽說蔣叔南之死是「綠客」（台州一帶方言，指綠林豪客）所為。蔣在地方的勢力很大，所謂一人得道，雞犬升天，他們村有一個人曾在蔣家當過木工，打死了好幾人，村人都不敢去官府告狀，因為此人為「叔南公」做過事，有靠山。傅國湧說，從蔣叔南的行事來看，愛結交天下之士，無論軍界、政界、文化界，都能應付自如，性格豪爽，並非內向，想不開的人。所以，仇殺的概率大於自殺，很可能是被人摸准了生活規律，群而擊之，而後沉於潭。

蔣叔南喜靜愛逸，文武兼備，雅致而不失彪悍。他的死，也許可以歸結為多面性格決定了命運。

四

雁蕩山旅遊業有今日的局面，年遊客量數以十萬計，周邊代代山民得以享受用之不盡的資源，以此為生，過上小康生活。一要感謝天，上蒼神來之筆，畫下一卷奇秀山水；二要感謝當下，在這個消費時代，人們懂了旅遊來休閒；三要感謝像蔣叔南兄弟這樣「子

嗜名山若生命，名山倚子作長城」，為開發雁蕩山做出貢獻的有識之士，是他們把雁蕩美名推向了更廣的天地。

然而，令人遺憾的是，不要說大多數遊客不知有蔣叔南這麼一個和雁蕩山關係密切的人了，連山裏村民也漸漸忘記了這個曾為他們造福過的老鄉。

今年元旦假期，我與金才、江慎、陳碩、黃霽諸友一同到雁蕩山，在當地旅遊管理局金明雪嚮導之下，尋訪蔣叔南的遺跡。

雖已過了蔣叔南說的「紅葉之美麗為他時所無」的初冬季節，我們攜女挈兒，更像是「鬧山」，但這次旅行為蔣叔南而來，熟悉的風景也彷彿變得有歷史感了。

先去拜謁蔣叔南墓。蔣叔南歿于一九三四年七月，葬靈岩展旗峰下。在通往靈岩景區大路邊，見潘耀庭紀念碑。蔣叔南墓就在碑後山坡之上，為一九八三年重修，饅頭狀，無多裝飾，墓碑原是錢名山所題，文革中遭毀，方介堪重書。

仰天窩距靈岩寺約半小時山程，其「清靜為全山第一」。蔣叔南常隱居窩中，「著書自娛」，我們本打算前往，但日將中午，來回費時，只好「忍痛割愛」，決定就近遊小龍湫，再折回屏霞嶂下，探屏霞廬舊址。

屏霞廬只留殘垣斷石，早已失去當日輝煌。若無人告，難以發現。屏霞廬內原有仰高樓、屏霞池，「精舍三楹，一塵不染」，「清雅宜人，入此者必不有紅塵之想」。「樓上為其家祠，樓下為書室客座」，多少往來名流曾宿於此，梁啟超、莊蘊寬、鄭孝胥等更有題字留念。可惜，這一切都已成過眼雲煙。

屏霞廬畔，我們扶竹而立，眼前山巒層疊，耳邊梵音繚繞，依然可以想見九十年前蔣叔南選此勝地之眼光。小樓，明月，風雨聲，世外桃源之境。怎不讓人由衷發出「到門一笑無他語，萬綠環樓坐聽泉」的感歎。

屏霞廬遺址

　　午餐後，我們登山觀三折瀑。少年蔣叔南，曾在三折瀑下游龍洞前求志山房攻讀。

　　一路行來，不免為蔣叔南抱不平。不僅景點介紹無一處提到蔣叔南，連他的墓、廬、窩亦無標識。據說，雁蕩山導遊詞原有介紹蔣叔南事蹟，《樂清市志》亦擬置蔣叔南條，但最終事關「隘門嶺慘案」或刪或擱淺。二〇〇九年，盧禮陽編校《蔣叔南集》作為「溫州文獻叢刊」頭一種出版時，也是只做不說，幾無宣傳。

　　蔣叔南「政治面貌灰暗」，隘門嶺慘案固然有悖人道主義。但看待一人的功與過，應辯證，切不能以「成王敗寇」之論對待。鍾叔河在編輯出版周作人作品時，提出了「人歸人，文歸文」的主張。評價蔣叔南，是否也能如此呢？

　　蔣叔南離世，年僅半百，名山事業之路越走越寬時，激流勇退，悲劇而終。尤其隘門嶺慘案一段及其後遺症，終歸是難解之結。

　　人生從來有遺憾，藏書更是如此。我藏有《蔣叔南遊記第一集》，惜只半卷，本欲求圓滿配齊。可對比蔣叔南殘缺人生，竟然覺得這半卷舊書與之相稱。這麼一想，便也釋然了。

傳教士蘇慧廉的人生索引

考古學家夏鼐曾在北京街頭舊書攤淘得兩本英文舊書，一本是 W.E.SOOTHILL（蘇慧廉）所著《A MISSION IN CHINA》（《中國傳教紀事》），另一本是LUCY SOOTHILL（蘇路熙）所著《A PASSPORT TO CHINA》（《通往中國的護照》），後均捐獻給溫州圖書館。兩書鈐有「夏作銘」朱文小印，《中國傳教紀事》扉頁還有鋼筆書寫的英文字，疑是夏鼐的手跡。

一九六二年，時任溫州圖書館館長的梅冷生在與夏鼐先生通信中，曾多次提及此兩書的借閱、翻譯之事。如一月二日信云：弟因代借英文本有關溫州記載者兩冊，屢催教育局胡君寄還。昨晤及，據雲即交郵掛號寄還。三月七日信云：前存外文書二冊，擬為覓人移譯備考，已向原借者索來。但譯手亦難找，容留一段時間奉還。六月十五日信云：向將蘇教士英文本兩冊掛號寄還，請收。十二月六日信云：英教士蘇惠（慧）廉著作二冊，此間宗教界為寫文史資料，轉囑賜寄以供參考。據稱有人能譯，由弟負責，用畢奉還。一九六三年八月二日信云：王（延第）先生亦談及譯事，前假外文二冊，係代溫州宗教界借寫文史資料，尚存彼處，近擬索回。如未譯出，可由館進行。

夏鼐、梅冷生等諸鄉賢如此看重這兩冊英文書，乃因兩書頗多涉及溫州近代社會風貌，具有很深的研究價值。

在溫州傳教時的蘇慧廉

這要從蘇慧廉的傳奇一生說起。

在溫州廿五載

一八八三年初，清光緒九年，二十出頭的英國約克郡青年蘇慧廉孤身一人飄洋過海來到溫州傳教。此時，溫州開埠不過五六年時間。對於這個物產豐富、氣候溫和的港口城市，西方人早已關注，英文報紙《北華捷報》在一八六九年和一八七六年重複刊登了一篇介紹溫州的文章。

蘇慧廉生於一八六一年，曾在曼徹斯特當過律師。但他是位虔誠的基督教徒。有一天在雜誌上讀到一則循道公會招募志願者的啟示，決定到這個窮鄉僻壤傳遞福音。一八八五年元月，他的妻子蘇路熙也來到溫州，共擔使命。他們在溫州紮下根，生子育女，一待就是二十五年。

蘇慧廉任循道公會（當時稱偕吾會）溫州教區長。在溫期間，發展教徒及慕道友萬餘人，建立多個聯區，數百處分會，並主持建造城西堂等氣勢宏偉的哥特式教堂。

蘇慧廉是一個非常有才華的傳教士。學習溫州話半年，就能用溫州

話登臺佈道，並摸索出溫州話發音規律，用羅馬字拼音代替漢字，創編甌音拼音文字，而且用此文字翻譯了《四福音和使徒行傳》和《新約聖經》。這是非常了不起事情。溫州話難學國人皆知，而一位外國人，居然短時間學會，而且作出總結，令人驚歎。

蘇慧廉不僅改變了很多溫州人的宗教生活，而且推動了溫州近代文化和醫學事業的發展。他是在溫最早開設新式學校的傳教士之一，創設了藝文學堂。一九〇三年，藝文學堂舉行開學典禮，蘇慧廉請來孫詒讓和李提摩太一中一西兩大宿儒出席。並且，蘇慧廉創辦了白累德醫院，以西藥西醫施救病人，這是溫州第一所西式醫院。

對於蘇慧廉夫婦在溫州做的事和所見所聞，《中國傳教紀事》、《通往中國的護照》有詳細記載。自夏鼐得此兩書以來，數位溫州人都想將之翻譯成中文，可惜都只翻譯了部分篇章。溫州退休醫師包思恩和其外孫女吳慧費數年時間，終於在二〇〇七年八月完成此兩書的全書翻譯，《A MISSION IN CHINA》意譯為《拓荒佈道》，《A PASSPORT TO CHINA》意譯為《樂往中國》，並自費印刷成書贈送，其情其義，讓人敬佩。另外，溫州大學李新德和溫州圖書館張永蘇合譯的《中國傳教紀事》也即將正式出版。所以，不再贅述。這裏只想引用發表在一九〇〇年四月《萬國公報》第一百三十五期上的一篇文章，以示蘇慧廉在溫州所作的貢獻。這篇文章題為《碧蓮後學殿士夏正邦直敘蘇慧廉牧師寓甌十九年行述》，鮮為人知，故全文轉錄。

　　蘇公慧廉者，英國偉人也。自幼窮聖經，多妙悟，迨稍長，以傳道救人為己任。因聞中華有誤人迷途者，心竊憂之，於是被聖靈感動，遂歷艱險涉重洋於光緒壬午秋至華，暫棲甬旋抵甌，居郡城西嘉會里。竊恐言語未達，真理難明，文字未通，福音莫布。乃延名師講音義，歲餘學成，即宣道施

醫，在在為下民拯陷溺。不但性情溫厚、行誼光明、獨善而已，斯誠吾道之干城也。然而聖道初行，積習難化，雖勤訓導人鮮聽從，況復惡魔妒忌，捏造流言謂西人至此，陽名傳教，陰蓄奸謀，必非有利於我國者，往往主日登堂禮拜時，惡黨擁入擾亂喧嘩，吾牧忍耐，無少慍怒，自是兇焰未熄，惡瞻愈張，至甲申中秋翌日晚聞變作，諸教堂盡毀，吾牧幸有文武員弁護衛，得保無恙。迨聚大憲奏聞，上諭疊頒條教森嚴，梗頑斂跡，民教始和。是歲冬，赴申行親迎禮婚學，挈眷旋溫，重建教堂、立書塾、施醫藥、戒洋煙種種善功有加無已，而猶慮囿守一隅，福音或阻，緣此，跋涉山川，櫛沐風雨，既逢人以說道，復善氣以迎人，俾僻壤遐陬，咸得與聞聖道，縱有村落惡少，眾喙交攻，吾牧不惟忍受，且為之祈禱，其甘心為道受屈，如此而頑愚卒因以化，嗣是設教，規譯聖經，朝夕講求，夫人復從相助為理舉，凡溫之山川風士俗諺鄉談及教中之條規，禮度皆詳明，彙集翻譯成書，俾後之西士來溫者，取共所載，誦之宛示南針導我先路。在溫十稔，得支會分立者二十餘所，各派宣講，由是承天眷，弄璋弄瓦，先偕夫人言旋，是歲秋吾牧例得歸國，將教事託海君和海掌管，臨歧餞別，人士贈遺，詩歌頌德，甚至淚數行下。閱二載，割愛子女，獨與夫人來甌，時適海君調甬，吾牧獨肩斯任，勞瘁倍前，見溫人疾病有以藥誤者，創醫院延霍先生診之，並施以藥；見吾溫格致失傳，開藝文學堂，課以中西兩學；見溫之教中閨秀目不識丁，設女塾，夫人親教以讀書兼訓針爾。至戊戌聖道加隆，城西聖殿實不能容，因而繼長增高勝前四倍。十九年來，久道化成，昔則信從皆愚魯輩，今則縉紳之家、賢智之士亦多升堂入室，爭自濯磨，並支會分立者九十餘所，領首禮拜者幾增百人。雖

賴神恩，亦藉人力。今者吾牧例得第二次回國，同人留之不
得，從之不能，惟有共述吾牧閱歷之甘苦功德之高深，以表
各教會悅服之誠而已。

同年六月，此文修訂稿在《中西教會報》刊出。作者夏殿士，
字正邦，永嘉碧蓮人，是溫州最早的信徒之一。一八九一年，被教
會按立為牧師。他親眼目睹了蘇慧廉在溫州艱辛傳教種種，並辦學
施醫惠及大眾，比之後人所述更有說服力。

從山西到牛津

蘇慧廉與李提摩太的關係自然非同一般，曾寫了一部李提摩太
傳記——《李提摩太在中國》。一九〇七年，應李提摩太之邀，蘇
慧廉離溫改任山西大學堂西學齋總教習。山西大學堂是現山西大學
的前身，以山西教案賠款創辦於一九〇二年，設有中學專齋和西學
專齋。西學專齋的教師多為外籍人，「教學內容和方法基本上與英
國學校相同」。

蘇慧廉在任期間，手下有位教師高本漢，後來成為著名的漢學家。
馬悅然在《我的老師高本漢》中，記錄了高本漢與蘇慧廉的交往。

高本漢一九一〇年到該校任教，給學生教授法文、德文和英
文。當時，高本漢給妻子寫了一封信，提到了蘇慧廉：「所有在太
原的英國人都很怪。首先是那位校長蘇慧廉，過去是一位傳教士，
趾高氣揚，自認為無所不知，事事都想插手，因此眾人對他恨之入
骨；他的老婆跟他是一丘之貉，神經質和醋意十足。然而他對我的
善意是很重要的，因為他的書房有很多關於中國的書籍。」儘管高
本漢對蘇慧廉的印象不佳，但他們保持了良好的關係。蘇慧廉還答
應為高本漢找到山西各地講方言的人，以便他研究中國方言。

在牛津大學執教時的蘇慧廉

一九一〇年，外方管理西學專齋時限到期，蘇慧廉卸任。為了表彰李提摩太、蘇慧廉辦學有功，山西官員奏請清廷賞李提摩太三代正一品封典，蘇慧廉二品頂戴並三代正二品封典。

此後，蘇慧廉還為創辦華中大學、培華女中作過積極努力。他對中國教育事業的關注，從一九一四年致莫里循函中可見一斑：「如果有『勢力範圍』的話，我一直主張如果英國想保持揚子江流域為英國『範圍』的話，唯一的辦法是要施加影響，使這個地區得到好處。做到這一點有許多辦法，而促進教育發展是其中重要方法之一。作為一個國家，我們損害中國夠多的了。現在是我們作為國家，為中國做點好事的時候了。」

一九一一年，蘇慧廉回國。第一次世界大戰爆發後，烽火連天，社會動盪，使他不能全身心投入教育事業，但依然心系中西文化交流，創辦了法國華工青年會。後來赫赫有名的蔣廷黻、晏陽初當時曾在這個組織工作。

一戰結束後，蘇慧廉受聘為牛津大學漢學教授。能擔任這位席位，在西方學界是非常榮耀的事。蘇慧廉的

前任和後繼者理雅各、布勒克、德和美、霍克思等在西方學界燦若星辰。一九三八年，伯希和曾推薦陳寅恪擔任此職，但陳因眼疾未能赴任。而蘇慧廉就職前，因無合適人選，此席位已空缺了兩年，可見器重。

蘇慧廉的學術成就至少有三：一是為溫州方言所作的貢獻，翻譯方言本《四福音和使徒行傳》和《新約聖經》，並編寫教材、字典，總結溫州話的發音歸律；二是把《論語》翻譯成了英文，至今出了三十多版，堪稱經典；三是對中國佛教經典進行了深入研究，將《妙法蓮華經》等佛經譯成英文，並涉及中西宗教文化交流、儒道釋三教及民間宗教等方面的研究，出版有《中國和西方》、《中國歷史》、《中國和英國》、《中國儒道釋三教研究》、《中國佛教術語詞典》等專著。

蘇慧廉的研究，深受中西學界重視。李約瑟《中國科學技術史》多處引用了蘇慧廉的學術觀點。莊士敦在《紫禁城的黃昏》一書中，引用了《中國歷史》中的一句話：「一八九八年，慈禧鎮壓了戊戌變法，也就抽掉了支撐搖搖欲墜的清朝大廈的最後一根支柱。」

馬一浮很早就讀到了蘇慧廉翻譯的《論語》。《馬一浮集》錄有馬一浮講學語錄，其中有一則涉及蘇慧廉：「問程子說《論語》成於有子、曾子之門人，故其書獨二子以子稱，近見西人蘇慧廉所譯《論語》，緒論中舉子華使齊、冉子退朝兩章。答云：子亦通出，不必定出門人。《論語》自是七十子後學所記，其間或出遊、夏之手者亦有之。但以領會全書為要，蘇慧廉輩瑣瑣考據，何足道哉。」

張君勱晚年著《新儒家思想史》，對中國歷史上的儒家及其與西方哲學關係進行比較時，曾舉蘇慧廉著《中國三大宗教》為例，並引用此書的一段話：「中國有三個被承認的宗教。在三大宗教

中，儒家通常被視為國教，但是，道家與法家也是被承認的。佛教從印度傳入，儒家和道家都是本土宗教，是從同一根源產生的。原始宗教源於史前時代相信靈魂存在之說，可是，在儒家與道家分道揚鑣之前，這種原始宗教早已達到相當高的階段，不過仍然保留著它的靈魂說和神奇因素。」但張君勱認為這種儒家思想中含有中國宗教原始觀念的看法是不對的。此後，臺灣學者傅佩榮在《中國思想與基督宗教》一文中也提到了蘇慧廉的這個論點。

陳鶴琴注意到了蘇慧廉字彙方面的研究。他說：「蘇慧廉曾有一種研究，不過他如何研究的我們已無從查考。我們只曉得克蘭根據他所研究出來的字彙編造了一本《常用四千字錄》，以便在華傳教者學習中文之用。」

深深的中國情

蘇慧廉在中國待了幾十年，對中國「無限的愛好」。一位叫華五的中國留學生在牛津曾與蘇慧廉有過來往。他在《英國的漢學家》一文中說，在牛津，中國學生暗地裏稱呼蘇慧廉做「蘇熙老」。「每逢有新的中國學生去時，他總是請到他家去喝茶，有的

人不大喜歡去，因為他說的話有時我們聽不慣，可是他的態度是誠懇的。中國學生考進了大學或是得了文憑與學位，蘇熙老都感到喜悅，好像父兄看見了子弟成材。」「有一次，他在家裏做壽，大廳內掛著一幅紅的壽幛，上面綴著一個金的壽字，有幾個中國學生還去賀了喜。蘇熙老做壽掛壽幛，顯示他對於中國的愛好與留戀，其情緒是高貴的，正同留學生從外洋畢業歸來，帶回校徽與級徽，高懸在書齋裏，對親友們表示過去的光榮，動機是一樣」。

華五的真名叫郭子雄，是徐志摩的學生。一九二七年，他在光華大學讀書時，和幾位同學一起邀請魯迅來做演講，並做筆錄。一九二九年，他聽從徐志摩的建議，到英國留學，讀政治經濟，回國後寫了很多關於英國的散文。一九三四年，蘇慧廉病危的時候，郭子雄去病房探望：「我買了一束白的玫瑰花走去看他，他坐在床上，精神好像還不錯。後來他由醫院搬回了家裏，我再去看他，面容大不如前，有若西去的斜陽，一見便知道他不能久留。最後一次我立在他的病榻前，他的兩眼望著我，好像有無限的衷曲隱藏在裏面，終於用著顫動的聲音對我說：『國家是不會亡的，一個人可以死去，一個民族絕不會消滅。短時期的受外國壓迫，在長久的歷史中，不算什麼一會事，你們不要太悲觀。努力，努力向前去。』我聽了這幾句話，心裏受了極度的感動，想到平生對於蘇熙老有好感亦有惡感，但此時我萬分欽佩他的意見，這是不朽的名言，他不僅對我一個人說，他是對全中國的人說的。」

「中國通」費正清也曾在牛津大學就讀。當時，學校指定蘇慧廉作為他的文學士論文導師。費正清在自傳中說：「蘇博士是寬厚長者，他向我解釋，他剛巧在校對他的《漢語佛教術語詞典》，但樂意在午茶之際的任何時間接見我，並同意無論如何會與退職隱居在倫敦郊外的馬士寫信聯繫。」當時，費正清正把中國海關作為研究起點。而以《中華帝國對外關係史》聞名的馬士曾在中國海關任

職三十多年。費正清還說：「我自學漢語始於蘇慧廉博士送我的第一本布勒克《漢語書面語漸進練習》。」可以說，費正清到中國考察，日後學有所成，深得蘇慧廉的幫助。

　　蘇慧廉一九二〇年開始擔任牛津大學漢學教授，直至一九三五年去世。久居漢學教授席位，因此，前往牛津訪問的中國學者或多或少都與蘇慧廉有過往來。一九二〇年，蔡元培受政府指派到歐美考察大學教育及學術研究機關狀況，次年五月三日抵達倫敦。五日到圖書館，蘇慧廉（蔡日記中記為蘇齊爾）招待。洪業在燕京大學任教期間，曾到哈佛大學講學。離開北京赴哈佛時，遊歷歐洲，到牛津拜訪過蘇慧廉。《洪業傳》記載，蘇慧廉「特意給他幾個質難問題，見洪業應付裕如後，才對他平等相待」。《洪業傳》中把蘇慧廉譯為蘇迪赫爾。

　　一九二六年，蘇慧廉被英國政府派遣任英中庚款顧問委員會委員，並作為威靈頓爵士代表團團員，再度踏上中國的土地。這個身份使他有機會更加深入中國學界。

　　《吳宓日記》一九二六年六月四日：「四時半，至東四頭燕京華文學校，赴該校邀茶會。到會者多所謂北京研究國學之中外名

流。有戴聞達J. J. L. Duyvendak、蘇慧廉William Soothill及Davis（of Pan-Pacific Union）等之演说，又參觀其圖書館等。」據當年的《北大日刊》記載，蘇慧廉曾與胡適一同出席北大學術研討會閉會式。蘇慧廉在會上介紹了中英關係和牛津大學的狀況。《顧頡剛日記》同年七月八日寫道：「到第一院圖書館，為蘇錫爾教授訊問阜昌《禹跡》、《華夷》兩圖也。」蘇錫爾即蘇慧廉。那年，《古史辯》出版，顧頡剛還特地贈送了一本給蘇慧廉。

蘇慧廉回國，作為庚款顧問委員會委員的胡適也要到英國參加會議。他們在哈爾濱會合後，一同乘上了開往西伯利亞的列車。這次中國之行，蘇慧廉的女兒謝福芸也跟隨而來。謝福芸是位作家，她把對胡適的印象，寫進了小說：「我們下一次相聚是在園會上，爸爸的另一位同事在場。他在中國很有名，是哲學家、邏輯學家、大學教授。每當他在講堂裏站定，就舉國關心的話題發表演講，青年學生總是蜂擁而至，千百個人傾聽著他吐出的每一個字兒。他的每一次講話，全國報紙都競相轉載。他以哲學領域的革命者與唯理論者著稱，為真理不計代價是他的座右銘。如果某論點數百年來為人們普遍接受，他會立刻懷疑它；如果一個假定多數人不以為然，他會認為這很可能是正確的。因此，當他代表社會結構的任何部分偶爾發表看法時，學生們至少會尊敬地聽他講。也許有些人感到失望，認為他沒有完全擺脫傳統的束縛；但有些人一時堅持舊有的路，思考這代人中智慧是不是真的降臨了。他們想，過去的思想家中，是不是有那麼一兩位，他們的一兩點閃光思想對今人仍然有用呢？」

胡適訪問牛津時，蘇慧廉（胡適譯為蕭塞爾）到火車站接。胡適在十一月二十一日記下：「因天氣甚好，他帶我去看心靈學院、瑪格拉林學院、基督教堂。到他家見到蕭塞爾夫人和霍里女士。」第二天，蘇慧廉又帶胡適去看鮑德列恩圖書館。下午蘇慧廉邀請來

幾十名知名人士，在家中開茶會，歡迎胡適。胡適說：「其意甚可感。」第三天，胡適在考試院講演《中國之文藝復興》，蘇慧廉在《牛津大學校報》刊登了一則小廣告。但胡適嫌廣告做的不夠大，「聽眾多是白髮老人，少年人甚少」。但有人告訴他，這是聽眾最多一場演講了。

中央研究院歷史博物館籌備處一九二九年年度報告中記載，該館一九二七年得利瑪竇萬國坤輿全圖，此圖存世只三、四份，甚為寶貴，中外學者極為重視。蘇慧廉曾代表英國皇家地理學會向該館「懇商仿繪」。該館以「原圖歷年甚久，不堪摹擬，婉言謝絕」。「近日蘇君複浼人代該會再四請求，期在必得。」因此該館計畫影印此圖，「藉廣流傳」，而「原圖即可珍藏，不必常年懸陳，以免損朽」。

通過上述蘇慧廉與胡適等人交往來看，在民國蘇慧廉並不是一個黯然無光的人物。而今，蘇慧廉的成就正日益受到重視和被重新認識，海內外學者積極地把研究目光投射在他的身上。二〇〇八年九月，中華書局出版的《天國、淨土與人間：耶佛對話與社會關懷》，收錄了李智浩《佛教典論的基督化詮釋——論蘇慧廉的佛教研究》一文，該文是目前較為系統研究蘇慧廉的佛學成就的一篇論文；溫州大學外國語學院副教授李新德，近年來申報了「傳教士筆下的中國佛教形象研究」、「西方傳教士與近代溫州社會——以循道會蘇慧廉為研究中心」等課題的研究，撰寫了《蘇慧廉及其漢學研究》、《循道會溫州早期傳教史（一八七八－一九〇七）》等論文；《宜賓學院學報》二〇〇九年第十期刊出了丁小英的《蘇慧廉英譯〈論語〉中宗教思想的體現：兼議理雅閣〈論語〉英譯》；溫州青年學者沈迦則從溫州到英倫一路追尋蘇慧廉的足跡，致力於書寫一部《蘇慧廉傳》，已初見成果，美國《讀者文摘》中文版《普知》雜誌二〇一〇年第三期報導了沈迦研究蘇慧廉的故事；溫州另

外一名女學者端木敏靜，積極挖掘蘇慧廉檔案，並且到了英國作深入採集。

　　「一個即使是專業歷史學者都感到陌生、但卻早應引起漢學界注意的名字」正拭去歷史的塵埃，發出亮光。

詩裏詩外劉廷芳

「這是劉廷芳給他母親建造的房子。」二○○九年夏日的一個午後，陽光很烈。我隨沈迦一起去拜訪高建國牧師。臨別之際，高牧師指著他住的房子，不經意地告訴我們這是劉廷芳的一片孝心。

「啊，劉廷芳！」我和沈迦幾乎同時驚詫道。這是一個意外的收穫。

我們不禁細細打量起這座不起眼的老房子。站在院落裏的天井仰望，四周高樓林立，就連不遠處的華蓋山也不過城市盆景一般。歷經風雨洗刷的二層磚木小樓緊鄰古老的花園巷教堂，樓前的花木雖然郁郁蔥蔥，但陽光顯然不能肆意照射進來了，屋內有些昏暗潮濕。

小樓被包圍在鋼筋叢林之下，是那麼孤獨和無助。

如同劉廷芳這個名字，淹沒在厚厚的歷史塵埃裏。

花園巷教堂

還是從這座具有一百三十多年歷史的花園巷教堂開始，輕拂積著厚厚塵埃的歷史一角吧。

一八六五年，虔誠的傳教士戴德生在英國創立中華內地會，決心把基督福音傳遍中華大地。他在英國籌集善款，組建宣教團。第

二年五月，二十來位傳教士坐著帆船，乘風破浪，隨他一起來到中國。三個月後，他們終於到達目的地。

一八六七年，已在上海等地建立了傳福音基地的戴德生聞知浙江永嘉是個人煙稠密的地方，便指派曹雅直到這個窮鄉僻壤傳教。曹雅直是一位跛腳的傳教士，靠拐杖走路。戴德生擔心地問他：「假如發生不測，要逃跑，你該怎麼辦？」不惑之年的曹雅直平靜答道：「我沒有想過要逃跑。」

曹雅直身穿中國服裝，紮一條假長辮子，用皮帽蓋住黃頭髮，背著一條裝有銅錢的紗布袋，艱難地移動殘腿，走街串巷分發福音傳單。每當被頑皮的孩子或少見多怪的鄉人圍觀難以脫身時，就從袋子裏取出一把銅錢拋撒在身後。佈道之初，倍受冷遇，曹雅直只好以發禮物、銅錢施捨的方式邀請貧民來聽道，後開辦學堂、醫院，才打開了局面。

曹雅直以「我以為瘸腳的必得擄物」的自信、勇氣和執著拓荒佈道，終於在來溫後的第八年買下靠花園巷的七畝多地。兩年後建成溫州歷史上第一座基督教教堂。

劉廷芳的祖母葉氏是內地會早期信徒之一。據李亞丁主編的《華人基督教史人物辭典》記載：「劉廷芳的祖父經商，事業非常成功。可惜他年輕時就染上吸食鴉片之毒癮，以致體衰多病，四十歲便去世了，空留下大筆遺產給其孤兒寡母。祖母葉氏出身於書香門第，受過教育。中年喪夫守寡之後，飽受宗族親戚的欺凌，心中愁苦委屈，無處申訴，只好常常去到亡夫墳前傾吐。一日，祭掃亡靈途中，遇到一位基督徒樵夫，此人見她面帶愁容，遂趨前安慰，把基督福音傳給她，並送給她一本新舊約聖經。葉氏深為聖經內容所吸引，不久即接受耶穌基督為她的救主。」

多麼像一部電影裏的鏡頭。信徒得救，總有傳奇。接下來的故事，即如我們所預料的：「作為一個生活在封建禮教森嚴大家族中

的寡婦，葉氏已倍受族人歧視與欺壓，如今她竟信了『洋教』，更為族人所不容，逼迫接踵而來。後以其不拜祖先為由，興師問罪，將她逐出劉氏家門，財產盡歸覬覦已久的族人所有。」

葉氏遭族人拋棄，內地會接納了這對孤兒寡母。「不久，教會設立女校，因葉氏受過良好教育，被聘為女校校長。此後她一心撲在女校事工上，同時撫養教育自己的獨生兒子劉世魁。」溫州內地會於一八七七年創建育德女子書院。據《花園巷教堂簡史》記載，被聘為女校校長的不是劉廷芳的祖母，而是他的母親。辭書上所記顯然有錯，莫法有著《溫州基督教史》亦沿用此誤。

在劉廷芳的有關研究資料中，對於其祖父母和父親的描述非常少，因此謬誤難免。《華人基督教史人物辭典》刊載，其父劉世魁，年少時被母親送到山東煙臺內地會所辦的醫院見習，不久又遠赴英國愛丁堡大學醫學院學習。畢業後成為一名眼科醫生，回國到台州開業行醫。義和團興起後，當地仇教排外氣氛甚濃。一日，劉世魁護送母親回鄉途中，不幸被兵痞打傷，不久即因傷而逝，年僅三十六歲。

曹雅直早在一八六八年就開辦了私塾，招收學徒，免費入學。劉世魁即是早期學員。後主持教會醫院的英人稻某調往煙臺，年僅十六歲的劉世魁同往。高建國所撰《基督教最初傳入溫州片斷》一文補充了劉世魁一生的若干細節。但此文稱劉廷芳父親的名為星垣，而《花園巷教堂簡史》中則錄為世奎。世魁、世奎大概是音同被誤記了吧。《民國人物小傳》中載為世奎，號星垣，並說其醫術與當時上海的眼科醫生李清茂齊名。

劉廷芳的母親，《華人基督教史人物辭典》上稱為李汝玉，《花園巷教堂簡史》中「教堂歷史人物」一節記為李璽，可能是一字一名。她出生於永嘉上塘寺前村，年輕時隨夫遷入溫州小南門荷花村，隨後住市區九柏園頭二十九號。因家境貧困，受聘花園巷教

劉廷芳

堂為外籍教牧人員傭工。她勤勞能幹，又十分好學，在育德女書院的培養下，逐步成為女校副校長。據高建國的文章說，當時李璽與曹雅直的夫人薛某來往甚密，因而後被聘擔任管理女生一切事物並主任各科女紅。

劉世魁李璽夫婦育有四子二女，除一子廷葆幼殤外，個個皆成一時雋秀。

長子廷芳幼年在內地會所辦崇真男校和循道公會所辦的藝文中學學習，畢業後考上上海聖約翰大學。後赴美國求學，獲喬治亞大學學士學位和哥倫比亞大學教育與心理學博士學位。曾擔任燕京大學宗教學院院長，在宗教界享有盛名。其妻吳卓生，在美國魏斯萊大學讀書時，與宋美齡同學。歷任燕京大學、北京女子高等師範學院教授，活躍於當時的北京婦女界。一九二一年六月，美國哲學家杜威訪華，吳卓生代表女高師在歡迎會上用英語致辭，劉廷芳翻譯成中文。

次子廷藩、三子廷蔚，均先求學於崇真男校、藝文中學，後廷藩在金陵大學讀大學、廷蔚在燕京大學讀大學，並都留學美國，回國後分任清華大學、滬江大學教授。劉廷藩曾任語言學家趙元任秘

書。劉廷蔚是著名的昆蟲學家，長期供職中國農村復興聯合會，娶國民黨貴州省主席吳鼎昌之女吳元俊為妻。四十年代家鄉松毛蟲猖獗，曾回鄉防治。

長女文端，次女文莊，在溫州讀的都是育德女校、藝文中學，後分別考取燕京大學、金陵女子大學。

文端的丈夫陸志韋是著名的語言學家、心理學家，東吳大學畢業後赴美國芝加哥大學生物學部心理學系深造，獲哲學博士學位，曾兩度擔任燕京大學校長，中國科學院哲學社會科學部委員。但晚年的陸志韋非常不幸。他背著「親美反共反人民」的罪名，一次次檢討交代，低頭認錯。五十年代作為政府派駐燕京的工作組負責人開展思想教育運動的張大中曾對近代史學者陳遠回憶起在燕京大學劃為國有之後的一些情況：「陸志韋在給美國朋友的通信中說，財產還是你們美國人的，你們走了我們要負責為你們把財產保護好。尤其嚴重的是，到了抗美援朝期間，美軍打到鴨綠江邊的時候，美國的教授給陸志韋的信中說，我們要回中國了，希望很快能見到你們。這種信與當時的政治鬥爭聯繫起來就不得了了。後來工作隊還動員陸志韋的女兒去批判他。」他的女兒奉命登臺「控訴我的父親陸志韋」，指著他的腦袋訓斥時，他「默默恭聽，沒有張口的份兒」。一次，燕京大學開批判會，他一急之下，便要撞牆，多虧旁邊人攔住。

文莊嫁給了外交家徐淑希。這也是個不得了的人物，獲美國哥倫比亞大學哲學博士學位後歸國，擔任過燕京大學社會科學院院長、法學院院長等職，後從政任國民黨政府駐聯合國代表、加拿大大使等職。一九四六年八月，他發表了民國政府支持外蒙古加入聯合國的聲明。徐淑希寫過厚厚一部《東北問題》專著，並編撰《南京安全區檔案》，收錄了安全區國際委員會對日軍暴行的抗議及相關文書、安全區國際委員會所記錄的「南京暴行報告」，是南京大

屠殺的重要證據。盛宣懷與徐淑希情誼甚篤，讓女兒盛毓真認徐淑希為義父。

劉氏兄妹與燕京大學有著深厚的淵源，他們在那個時代的出人頭地用「人中龍鳳」來形容想來一點不為過，但這些都是後話、題外話了。關於劉氏兄弟的軼事，在下面還會講到。還是先把鏡頭搖回到劉廷芳給他母親建造的那座房子。

劉廷芳一九二○年學成回國。老人們回憶，當年他穿著長袍，提著行李箱來拜見闊別已久的母親，還在花園巷教堂作過講演。劉母生於一八七二年，晚年被大女兒接到北平養老，一九三七年在北平逝世，孫科在葬禮上致悼詞。因此可以推測，這座老房子建於二三十年代。

一九五○年，內地會的外籍牧師相繼離溫返國，第二任溫籍牧師王春亭也年愈古稀，於是大議事會在年會上作出決定，向華北神學院賈玉銘牧師請求派一位年富力強的神學院學生來。就這樣，正當而立之年的河南開封信徒高建國攜妻女來到這個人生地不熟的南方小城。而今高建國已九十高齡，身材魁梧的他，説話還帶著開封口音，擲地有聲。高建國一九五七年受按立為溫州內地會第三任中國牧師，擔任過溫州基督教協會會長一職。他説：「住這老房子也有五十多個年頭了。」本是三間樓房，後軍分區租用教會房產，並在附近建宿舍，舊房被削去了一間。

花園巷教堂舊是荒蕪之地，它的西邊興文裏原有一半是河，架一座碉橋，教堂在橋的旁邊，那時人們習慣稱它碉橋頭教堂。現在，這裏是溫州的鬧市區。教堂周邊的公園路、鐵井欄、縣前頭，商店鱗次櫛比，行人熙熙攘攘。唯有通往公園路的花園巷，曲曲彎彎，狹窄得只能推過木板車，幽靜淡然，還有點老溫州的韻味。穿過花園巷，在街的另一面，還有一條這樣的老巷——九柏園頭，劉家就是從那裏搬到花園巷的。

花園巷教堂並不朝向花園巷，門牌號是縣學前五十三號。劉廷芳舊居位於縣學前四十九號，中間隔著掛著「軍分區宿舍」牌子的縣學前五十一號。

花園巷教堂曾一度被強行關閉，整整三十年。一九九〇年，其正堂重回信徒懷抱。斗轉星移，物是人非。正堂修繕一新，據說只有堂內高懸的匾牌還是百年前之物。肅立堂前瞻仰，「爾道若燈，光燭我徑」那八個金字還是光彩奪目。

最有代表性的華人基督徒之一

教堂的鐘聲響起，傳出一陣陣悠揚的歌聲。那聖潔的天籟之音，引人肅穆、沉思。

「平安夜聖善夜，萬暗中光華射，照著聖母也照著聖嬰，多少慈祥也多少天真，靜享天賜安眠，靜享天賜安眠。」

「緬想當年時方夜半，您來榮耀歌聲，天使屈身俯向塵寰，怡然手撥金琴，地上平安人增友誼，天賜特殊奇恩，當晚世界沉寂之中，靜聽天時歌聲。直到如今依舊天開，天使依舊歡奏天樂，聲徹疲乏塵瀛，依舊欣然展開天翼，俯視愁苦群生，萬邦嘈雜群音之上，仍聞天使歌聲。世界萬千勞苦民眾，負擔重壓身心，人群進化難若登山，步步辛苦萬分，當知所望黃金時代，不久便要來臨，崎嶇道上請息片刻，靜聽天時歌聲。因為歲月周行不息，世事積極前進，黃金時代一定來臨，先知早已說明；到時新天新地生靈，共戴和平之君，普天之下齊聲酬應，今日天時歌聲。」

……

不知道教堂裏的人們在深情吟唱《平安夜》、《聖誕夜》時，是否還能記起把歌詞翻譯成中文得以傳唱的人是誰？

不知道教堂裏的人們在翻閱那本滿載聖歌的《普天頌讚》時，是否還能想起把許許多多的美妙動聽的歌曲彙集在一起方便學唱的人是誰？

我想有人一定還記得那是劉廷芳的手筆。

但作為司徒雷登眼中「全中國最有價值的二或三個華人基督徒之一」的劉廷芳，對於基督教在中國的發展，不只是翻譯了一些聖歌而已。

成功人士之所以成功，除了天生聰慧、努力勤奮之外，往往還有難得機遇或貴人相助。司徒雷登就是劉廷芳生命裏的「貴人」。

劉廷芳在上海聖約翰大學求學時，對教會所辦教育機構的辦學宗旨、管理制度，很為不滿，特別是西方傳教士蔑視中國文化的愚昧，頗為憤慨，屢次撰文在上海《通聞報》發表，引起司徒雷登的關注。有一次，司徒雷登在劉廷芳的文章裏讀到，教會須由教育專門知識之人辦學，一般傳教士因本身缺乏學識，雖熱心有餘，卻造育些不中不西、知識畸形的教會青年……甚感刺激，便請《通聞報》主筆陳春生安排，在上海晤見劉廷芳。

司徒雷登非常欣賞劉廷芳的才華。劉廷芳大學畢業後，得到司徒雷登的推薦，取得獎學金赴美深造。當時司徒雷登尚在金陵神學院執教。為報司徒雷登的知遇之恩，劉廷芳答應回國後到金陵神學院服務。

所以，對於司徒雷登與劉廷芳的後來親密合作，使燕京大學宗教學院成為「中國基督教思想的里程碑」，弟弟劉廷蔚曾說：「他們二位對此事功，有久蓄共同的意願，此種遇合與默契亦有一段背景。」「源頭久遠，並非偶然的遇合。」

一九一九年，司徒雷登滿懷革新的決心北上執掌燕京大學。他對燕京大學最大的夢想之一就是它將擁有一座宗教學院，「在其中越來越多的既熟諳本國崇高的歷史遺產，又受到西洋最好神學教育

的中國籍教員，將本著他們自身的宗教經驗，向本國人民講授真正的基督教，務求其合於二十世紀的知識和中華民族的精神，同時亦把一切由西方歷史因襲而來的無用之物，悉數掃除。」

誰能幫助他實現這個夢想，司徒雷登想到了劉廷芳。這時候的劉廷芳不僅已在教育學、心理學方面學有所成，而且在成為紐約協和神學院第一個中國學生之後，又獲得耶魯大學神學院學士學位，並被聘為紐約協和神學院心理學和宗教教育助教，據説這一榮譽從未給過非協和神學院出身的學者。回國那年的二月早春，劉廷芳在曼哈頓公理會教堂，由大名鼎鼎的富司迪牧師主持，被冊封為牧師。

劉廷芳從美國坐船回國，前腳到上海，後腳東南大學所下心理學系主任聘書便跟來了。此後，北京大學、北京高等師範等學校的邀請也紛至遝來。而燕京大學為爭取劉廷芳，條件也頗為優厚。許以與西方傳教士相同的薪金住房待遇，破例校外兼職等。

劉廷芳不負眾望，不到半年時間便被推舉為神科科長。一九二二年九月二十日，躊躇滿志的劉廷芳發表就職演説：「倘若一個宗教學院要在中國為整個教會作恒久的貢獻，必得要自身成功為一個先知導師應募的場所，出發的地點。不僅國內的先知導師能來此間廣播他們的天啟，並且使世界各國的導師先知，也能聞風來此集會。」

劉廷芳認為，神學教育直接服務於社會，便是間接服務於教會。司徒雷登也説過：「神學院是燕京大學的一部分，主要任務是培養出大學畢業生，與其他院系有著同等的學歷要求。」劉廷芳和司徒雷登達成一致，要把燕京大學神科從單純的神學職業訓練場所向學術研究機構轉變。

劉廷芳只留下少數幾名學院的老教員，新聘了陳垣、吳雷川、簡又文、徐寶謙、洪業、趙紫宸等在當時炙手可熱的人物。直至司徒雷登晚年撰寫自傳時，對此舉仍讚賞有加：劉廷芳説服他在美國

認識的人加入宗教學院，對那些願意加入文學院的人也作了同樣的說服工作。他同所有這些十分稱職的中國人爭論說：「儘管你們持懷疑態度，但它畢竟是一所真正的教會學校，在這所學校裏，中國人和外國人一樣地參與一切事務，你們應當幫助這一新的試驗成為成功的範例。」司徒雷登用十分肯定的語氣寫道：「劉廷芳在建校初期幫助物色了學校需要的中國人，從而為確立燕京的辦學方針起了重要的作用。」

劉廷芳身材矮小，還有點駝背。但他走路飛快，身體內蘊涵著極大的能量。

留學期間，劉廷芳就是個活躍分子，擔任過北美中國學生基督教學生會會長、中國學生聯合會東支部代表會主席，編輯過《留美學生》、《中國學生月刊》。

司徒雷登稱讚他「有著少見的中文表達能力，說話充滿激情而雄辯有力，在宗教集會和各種各樣有組織的活動中都表現出一個突出的人物。」

一九二二年五月，各地基督教人士在上海舉行全國基督教大會，為新舊教義爭論數日不休，最後劉廷芳一篇「互相尊重、彼此相愛」的演講讓與會者折服。他慷慨激昂地說：「我們會友在思路與觀點上難得一致，但在『彼此相愛』的基督教宗裏不分彼此。」

這也正是當年宗教思想澎湃及燕京大學宗教學院所負使命的寫照。

二十年代，是新文化運動風起雲湧的時代。這對於宗教思想有很大的影響，有些人是反對宗教的，所謂「非宗教運動」、「非基督教運動」。但劉廷芳看到，新文化運動包含一種宗教性的與精神性的需求。因此，他強調新文化運動的積極意義，支持中國教會

孫中山逝世，劉廷芳主持葬禮

的「本色化」發展，努力使中國教會走向政治舞臺，擴大社會影響力。

一九二五年三月，劉廷芳促使孫中山喪禮以基督教儀式舉行，並擔任主持，「情辭並茂」。他在喪禮上所宣讀的悼文《請看罷，這裏來了個白天做夢人》後被收錄在美國出版的《世界名人演講錄》。

那一年，劉廷芳當上了中華基督教教育會首任華人會長。隨後的幾年裏，他先到美國耶魯大學、哈德福神學院講學，後出席在瑞士洛桑舉行的國際宗教會議，又代表中華全國基督教協會參加在德國召開的教會促進國際團契世界聯合會會議。在英國倫敦市修道院講經傳道後，著名的《笨拙》雜誌發表了一首《劉博士》的詩以示好感和歡迎。接著，他又回到美國，先任波士頓大學客座教授，後在緬因洲班哥爾神學院和芝加哥神學院講學。

劉廷芳以中國基督教領袖人物的形象出現在國際同道面前。

一九二八年夏，劉廷芳回國。那時候，燕京大學宗教學院已為趙紫宸領導，劉廷芳雖還任課，但工作重心漸漸轉向社會事務，擔任中華全國基督教大學委員會主席等職。

一九三六年，應孫科之請，劉廷芳出任立法委員，離開了燕京大學，轉入政界。此後，他還曾出席在牛津和愛丁堡舉行的基督教教會大會世界委員會會議、在印度舉行的國際傳道會議。抗戰爆發後，長居上海。

劉廷芳經常習慣性地擦鼻子、咳嗽，這其實與他長期患鼻竇炎、肺管炎、疝氣、痔瘡等病有關。有一個叫趙宗複的學生記得他在上課時的一幕：「劉廷芳教授叫他旁邊坐的學生把窗戶關好之後，拿出他的小藍瓶。嗓子嗽了幾嗽，很響亮地吐進一口痰。女同學拿著小手帕蓋著鼻子，表示T.B（肺結核病）可進不來了。」

一九四二年，劉廷芳赴美治療頑症。

一九四七年八月二日，劉廷芳病逝於美國新墨西哥洲的一家長老會醫院，享年五十七歲。其出生年月一說一八九〇年一月，一說一八九一年十二月，有待進一步考證。

劉廷芳的遺物，包括信件、手稿、論文、書籍，筆記、照片等，裝在十個小箱和一個特大號箱子裏，收藏在他的母校紐約協和神學院伯克圖書館。二〇〇八年九月，一位叫高希的管理員對此進行了整理，並撰寫了一份整理報告。這份報告透露，劉廷芳是世界最大的神秘組織共濟會的第三十二級成員。

劉廷芳生前撰寫、編譯了大量的神學文章、詩歌，發表在他主編的《生命》、《真理》、《真理與生命》、《紫晶》等刊物上。尤值得一提的是，他與楊蔭瀏合作主編的《普天頌讚》，收入聖歌五百多首，其中有四分之一的詩歌為劉廷芳所譯所校，自一九三六年來，一版再版，影響巨大。

翻讀這些詩文，上到闡釋宏大的教義，下至一場儀式的細微程式，深感作者精力充沛，對基督教事業可謂盡心盡責，事無巨細。

啊，上帝。冥冥之中，您給了誰旨意，讓他有朝一日把這些散落的詩文彙編成《劉廷芳神學詩文集》呢。

山雨欲來風滿樓

劉廷芳多才多藝，有人稱他能八種語言，未有可靠證據，難免有誇大之嫌，但説他學貫中西，大概不會言過其實。

劉廷芳是心理學科班出身，中國心理學會的創辦人之一。他的博士論文《學漢語之心理學》等，至今仍為研究者關注。

劉廷芳還是一位詩人。但他的詩歌，在當時並不十分突出，今天看來亦非優異。

上世紀八十年代就關注劉廷芳文學創作的學者瞿光輝指出，他的詩「雖然題材比較狹窄，不外於兒時的回憶，大自然的美麗和對神的皈依，但詩風清新，意境優美，在新詩草創時期，是頗具個性的。」

劉廷芳的詩歌數量算不上多，這大概與他事務繁忙有關。一九四一年，他給朱維之《基督教與文學》作序時，略有悔意：「我雖然嗜好宗教的文學，但二十年來，我的時光多耗費在大學行政方便，餘力亦消磨於粉板及講臺之間，自己學問本分上應該努力的心理實驗室中的工作，都顧不到，遑論文學。」

劉廷芳的詩偶見於《語絲》、《文學》、《文藝月刊》等報刊。後將創作於二十年代三十多首新詩彙編成《山雨》，於一九三〇年十一月由北新書局出版。

《山雨》其實是劉廷芳自費出版的，所以印數並不多，很多圖書館都沒有收藏。瞿光輝為了研究劉廷芳的詩歌，幾經尋覓，發現北京大學圖書館藏有一本《山雨》，便想複印一本珍藏，但遭婉言謝絕，後來瞿光輝的一個在圖書館界的朋友在退休之前託了關係才複印到一本，使他如願以償。北京大學圖書館所藏《山雨》為劉廷芳簽贈本，上題：「魚門同學索此舊作，從破書堆中檢出贈之，相

《山雨》毛邊本

約他日魚門專集出版時即以此為引玉之磚。廷芳，北平，一九三五，十，卅，午後。」幾行秀麗的毛筆小字，還加蓋了一方「風滿樓」印章。不知幸運的魚門同學是誰，我猜想是個筆名。魚門是《聖經》裏一個地名，在耶路撒冷北面，接近魚市場的城門。

北京有位網名叫「高臥東山」的書友藏書頗豐，寫過一篇《高臥東山收藏新文學裝幀二十美》，把手頭的新文學書以裝幀設計排名，其中《山雨》被列為第十二美。「怎樣才算好的封面設計？我認為僅有一幅好的繪畫作品是遠遠不夠的，設計者還要懂得封面設計的語言。點線面的結合，虛實的結合，色彩的對比，圖文的搭配，字體的設計，甚至材料的運用，每一樣都要精心處理。《山雨》可以說是下了功夫的，圖案設計簡潔明快，耐人尋味。雨絲和飄飛的紙片兒燙銀印刷，發著螢光，很特別。字體也設計得別致可愛。整體看上去，使人如飲山泉，清冽舒爽。」此書是高臥東山藏書過程中收到的第一冊作者簽名本，所以對他有特別的意義，而且受贈者是與作者關係密切的趙紫宸，十分珍貴。

　　此書我找尋了很久，網上有家書店雖有出售，係作者簽贈沙鷗的館藏書，但標價一萬二千元，實在捨不得下手。終於，今年夏天我從網上拍得一冊，欣喜若狂。這冊從香港一藏家手中流出，封面還缺了一角的毛邊本《山雨》乃私立貝滿中學舊物。貝滿中學由美國基督教公理會創辦、以傳教士貝滿夫人命名，是著名女子中學，也是北京近代最早引進西方教育的學校，冰心、「九葉詩人」鄭敏等名流曾先後在此校就讀。而劉廷芳一度是公理會教徒。

　　得此舊書，又有如此淵源，細想還真是一段難得的書緣。

　　《山雨》之後，劉廷芳還與王統照、臧克家等人合編詩集《她的生命》，一九三四年十二月生活書店出版，內收有他的詩《秋林》、《去後》、《五周年》。《中國新文學大系一九二七～一九三七‧詩集》只收錄劉廷芳詩一首，就是其中作於一九三三年六月的《秋林》：「我在秋林中散步，／看滿林黃葉如金。／我細思：／這是何等可羨慕，／人生暮年的晚景。／照透一歲的黃昏，／烈火已焚燒了秋林，／燒的是：／青春記憶之杯所斟，／青春早忘的樂境。／老年人靜坐如秋林，／遊永遠不完之夢境。／他們的：／歲月如小溪流水一般，／有無限奧秘的平安。／金色輝煌的美麗，／是老邁衰落的秋林，／我心說：／要孤單便如中天的明月，／要老邁便如萬里的恒星。」《中國現代文學書目彙要‧詩歌卷》的編者評論這樣的詩：「如暮水柔情，寧靜而致遠，詩風清淡柔和，輕訴中蘊藏了更深刻的無奈與沉痛。」──實屬客氣的評論。在我看來，劉廷芳感情豐滿的散文比他的詩歌要有價值的多，比如為朱維之《基督教與文學》作的序言、為懷念詩人徐志摩的文章《追悼志摩》、被選入《現代散文鑒賞》的《藝術家》等至今可讀。

　　然而，劉廷芳對引進外國格律詩及其實踐對中國新詩發展來說卻有著不可磨滅的貢獻。他主張，翻譯詩歌一要辭義接近原文，二要文字自然而美麗，三要淺顯簡單、老嫗能解，四要句逗合乎音

樂的頓挫，五要實字虛字合於音樂的強弱，六要協韻，七要平仄和諧。

劉廷芳的詩歌翻譯成就還在於第一次把黎巴嫩詩人紀伯倫的散文詩介紹給中國讀者。北新書局於一九二九年十二月出版了他翻譯的紀伯倫散文詩《瘋人》，後又譯出《前驅者》，自費印刷一百本。其開本闊大，「但印刷裝幀並不甚佳」，藏書家唐弢購得第四十四號。他在《紀伯倫散文詩》中說：「劉廷芳並曾譯過紀伯倫的《人之子》，散見於《真理與生命》月刊，似未完稿。《前驅者》收短文二十五篇，前附譯者《卷頭言》一篇，印出既少，頗為難得。」所提散見於《真理與生命》的《人之子》為劉廷芳與其女劉儷恩合譯。

劉氏兄弟皆能新詩。

瞿光輝曾在茅盾主編的《小說月報》一九二二年一月號上讀到劉廷藩的詩，一首《盤門路上》，一首《回憶的惆悵》。

《回憶的惆悵》其中有：「趁著夕陽，／大家都跣著足，／跑到海邊，／拾幾多蚌殼，／美麗！當心那傷足的小沙石，／我的已經滿籃，／分一半給你。」

瞿光輝還發現《盤門路上》後被作者的大姐夫陸志韋稍加改動，並續寫第三節成《流水的旁邊》，收錄在其詩集《渡河》內。陸志韋也是奇人，多才多藝，是我國最早嘗試現代格律詩的詩人。有趣的是，陸志韋還是個集郵家，所藏不乏珍品，如大龍郵票就有七十多枚。還發表過《帆船新版半分直縫漏齒票之發現》、《三分暫作一分票之小變體》等郵學文章。五十年代集郵中斷，其藏品全部售於姜治方。據說姜又將其中的大龍郵票全部轉讓給了夏衍。

較之兩位哥哥，劉廷蔚詩歌創作生命力最強。他的《早禱》：「我把這一刻的時光，奉獻給你罷！／這是早春二月的黎明，／天還才在破曉，／繁枝上滴瀝的雨珠，／和滿山錯雜的泉響，／還奏

著雨夜的音樂。／這松針鋪地的密蔭之下，／這松林的綠色空氣裏，／只有我獨自悄悄地立著。／我的心靈是魯鈍的，／我的生是死的醖釀，／我所有的，全是悲哀的調子。／我把這一刻的時光，奉獻給你罷，上帝！／你教我唱歌。／你教我歌唱，像滴雨的送枝。／教我歌唱，像奔流的泉水，／使我把這一刻美好的時光，／歌唱出來，奉獻給你。」素被認為堪與梁宗岱《晚禱》、冰心的《晚禱》「前後輝映，互相媲美」。

沈從文很少評論詩歌，卻破天荒讚賞過劉廷蔚的詩集《山花》——「使我欣悅，覺得為近年來一本極美的詩。」「近年來，在詩裏或在其他文章裏，說最尖薄的話，或最粗野的話，便有深刻豪放的稱謂。最聰明和最溫柔的話，已像不很時髦了的。我想介紹這本小詩給讀者，你們讀這詩不能夠便成為英雄，因為這本詩毫不粗獷，你們讀這詩不能夠便會諷刺幽默，因為這本詩不是雜感集。世界上應當還有能靜味自然的美，體會人生的愛的年輕人，這詩是他最宜讀的一本書。」

劉廷蔚出版過兩本新詩集：《山花》，北新書局一九三〇年七月出版，列風滿樓叢書第二種；《我的杯》，女青年全國協會一九三二年一月發行，列風滿樓叢書第五種。

風滿樓叢書共六種，《瘋人》為第一種，《山雨》為第三種，侯斯門著、劉廷芳重寫的聖誕獨幕劇《木匠家》為第四種，《前驅者》為第六種。取此叢書名，當有「山雨欲來風滿樓」之意。

劉廷蔚有較深厚的國學功底，晚年作了不少舊體詩。他的老朋友、老同事羅學濂在一篇《昆蟲博士劉廷蔚》的回憶文章裏摘錄了多句遣懷感舊之作：「雲雨任憑翻覆手，艱危終仗聖賢心。」「歲月暗征愁裏鬢，是非猶挺老來胸。」……

陶行知有一封文字很美的書信寫給劉廷蔚，至今仍被視為散文學習者的一篇範文：「詩山裏的詩人！廬山一山都是詩：樹是

詩樹，草是詩草，花是詩花，水是詩水，風是詩風，月是詩月，雲是詩雲，雪是詩雪，鳥是詩鳥，獸是詩獸，晴是詩晴，雨是詩雨，⋯⋯山上有詩，山下有詩，山前有詩，山後有詩，滿山都是詩，還有那看詩，聽詩，讀詩，嗅詩，寫詩，一身都是詩的詩人。詩人！你可曉得詩神要留你在詩山做甚？他一回兩回的招你上去做甚？他要你斫詩樹，采詩草，葬詩花，飲詩水，捕詩風，賞詩月，逐詩雲，弄詩雪，聽詩鳥唱歌，看詩獸跳舞，天晴山門遊詩山，下雨回家寫山詩，⋯⋯他要我送你詩斧，詩籃，詩筆，⋯⋯好叫你待山如詩，寫詩如山。詩人的詩山啊！千萬不要忘了詩山外的詩人望眼欲穿的要看看詩山裏詩人的詩山詩！」

詩人徐遲四十年代路經貴陽，登門造訪劉廷蔚，請他一起去找妻舅陳銘德之墓。陳是劉廷蔚的手下，在植物研究所工作，英年早逝。劉廷蔚給他安排了後事，並立了一個墓碑。劉廷蔚派了一輛車，陪徐遲到亂墳堆中尋找陳銘德的墓，還在墳前合影留念。後來徐遲把這事記在回憶錄《江南小鎮》中。學者王元化讀到後，給徐遲寫了一封信：「近來我很少讀到這樣的自傳。它的境界、情調、氣質和敘述的口吻，乃至文筆、節奏，其中的小小的議論，都使我傾倒。⋯⋯有一段談到令舅去植物所工作，有一位劉廷蔚，他是我六姨夫的弟弟。六姨夫叫劉廷藩，他們當時有個較著名的哥哥劉廷芳（國外不少人知道他），與戰時燕大校長陸志韋是親戚。」王元化感歎：「你看天地就這樣大，在你的經歷中，除認識文藝界那些人外，竟也有我認識的人。我不知道你的記憶力為什麼這麼好？記得那樣清清楚楚。⋯⋯」

前些時候，我去圖書館查看曾與張大千齊名的「五絕老人」鄭曼青的《玉井草堂詩續集》，竟然讀到了兩首寫劉廷蔚的詩。《桑港送廷蔚》：「芰凡市上遇殊奇，啜粥深曉話更癡。卝角拍浮交最契，人間天壤子遺時。」《與廷蔚一夕談》：「總角論交六十年，

咨嗟往事信如煙。君其送老顯微鏡，我樂簞瓢在硯田。」原來這兩位還是發小。

你看天地真的就只這樣大。

永不信浮生如夢

憑藉燕京大學這個平臺，無論在宗教界、教育界，還是文壇，劉廷芳都如魚得水。

一九二一年四月二十八日，胡適到燕京大學演講《詩經的研究》後，到劉廷芳家吃飯。初識劉廷芳，胡適對他印象很好：「劉君治宗教學，家藏宗教史的書甚多。」後來還向劉廷芳請教過「教會中職司名稱的譯法」。

司徒雷登與劉廷芳到燕京大學之初，改良國文部，就想邀請胡適加盟。但胡適沒有同意，而是推薦了周作人。周作人答應了。但因為不久周作人病了，此事就擱置了一年。一九二二年三月四日，司徒雷登、劉廷芳、周作人約在胡家商談。胡適說：「他們談的很滿意。」

胡適日記中還記有一位湖南劉廷芳的事蹟：「此君少年有才氣，但見識太小，氣度不好。」同名同姓，若不細究，容易混淆。

劉廷芳穿梭於各種聚會，我在章衣萍的散文集《隨筆三種及其他》裏發現了他的身影：「在家鳳佩蘭的宴會上，劉廷芳博士見余至，即援筆書云：『嗚呼！君不見衣萍《桃色的衣裳》，產出多少歌士德利亞！。」「『中國的女學生跳而不舞；梅蘭芳舞而不跳。』幾年前，劉廷芳博士對我這樣說。」

一九三二年十月一日晚，朱自清連趕兩場宴會。一場就是劉廷芳所招。

一九三三年四月二十二日晚，鄭振鐸與劉廷芳為《文學》雜誌約稿事，在東興樓一起宴請諸多文友，朱自清、陳受頤、許地山、魏建功、嚴既澄、顧頡剛、郭紹虞、俞平伯、楊丙辰等均出席。席間談笑風生，談文事，談風月。「地山謂『親嘴』一詞，自印度來，佛經有煗字即此，又曰『接吻』。又言『勉鈴』銀製，中有膽，凡二枚，用時在勢兩旁，當輸卵管及另一管也。楊丙辰論房中術，玄不可言。座中並有趙斐雲，攜一鈔本鼓詞來，殆出於木皮鼓詞而托諸由水月（徐文長）者。」朱自清在日記中寫道。

說起劉廷芳在文壇軼事，最惹人注目的還是和冰心的交遊。

冰心自一九一九年登上文壇，以「問題小說」和「冰心體」小詩，很快就嶄露頭角。劉廷芳在其主編的《生命》月刊上積極編發冰心的「聖詩」。當時，冰心是燕京大學的在校生，還寫過《燕京大學女校》的文章發表在《生命》月刊上。可見劉廷芳對她的器重。

一九二一年八月，在廬山休假的劉廷芳寫了一首《寄冰心》的小詩，公開發表在九月四日的《晨報》副刊上：「長江萬疊的輕波，／被好事的太陽，／無端相迫；／化作白雲，／飛入亂峰幽壑。／多勞的明月，／負著新愁萬解斛，／悄然幾度穿林；／靜照寒泉空谷。／還有那競妍的萬綠，／風前跳舞，／恣情地行樂。／我入山不過一周，／他們天天──叮嚀──相促：／千萬寄語她，／不可不一來；／來述我們往日如夢的歡情，／來預言我們前途簇新的生活；／來慰我們現在百結的寂寥，／來寫我們萬縷千絲──／欲訴不能的衷曲。」

冰心讀到詩後，當日就做出了反應，寫了一篇《蓄道德能文章》：「人格和文字的關係，不必我贅言了，因為文字本來是表現作者個人的人格的，因為蓄道德的作者，他的文章也是蓄道德的。反之，便是……作者不蓄道德，他雖然能文章，他的文章也只是濟惡的、助虐的。他愈能文章，他文章的濟惡助虐的程度也愈高。所

以作家最重要的是人格修養；等人格修養得高尚了，再去做文章，或者就不至於妨害他人，貶損自己。」這篇雜感兩天後同樣刊登在《晨報》副刊上。

想不到這引起了魯迅的注意，他九月十一日在給周作人的信中寫道：「コホリコ・コ之蓄道德云云，即指廬山敘舊而發，聞晨報社又收到該大學全體署名一信，言敝同人中雖有別名『ピソシソ』者，而未曾收到該項詩歌，然則被贈者當係別一ピソシソ云云，大約不為之登出矣。夫被贈無罪，而如此斷斷，殊可笑，與女子因被人調戲而上吊無異，誠哉如柏拉圖所言，『不完全則寧無』也。」信中日文均係冰心的意思。

這段公案近年來被陳漱渝、方錫德等人挖掘出來才為人知。

瞿光輝在研究劉廷芳時，並不知曉個中糾纏，只是讀到劉廷芳的《追悼志摩》文章裏談到他在冰心與吳文藻家裏碰見徐志摩，便寫信給冰心詢問劉廷芳的事。冰心回信説：「我在燕大讀書時，劉廷芳先生也在燕大教書，我和他沒有接觸，無可奉告。」

冰心和劉廷芳同為文學研究會會員。《寄冰心》發表後，滿城風雨，燕京大學的學生們還聯合致信報社為劉廷芳辯解。而且我在一九三五年的《紫晶》雜誌上還檢索到劉廷芳、冰心、鮑貴恩曾合撰《從耶路撒冷到中華》一文。冰心説沒有和劉廷芳接觸過，與事實不符。想必她有難言之隱。

當我把這段往事告知瞿光輝時，他表示：「這是可理解的，燕京大學、司徒雷登，以及和司徒雷登有非同尋常關係的劉廷芳都曾是敏感話題。」

而北京大學的方錫德卻不這麼看待。他極盡「索隱派」之能事，認為劉廷芳在《生命》月刊上刊登冰心的詩文就已開始精心策劃，後從「愛才」演變為「愛人」。他説，《寄冰心》一詩「態度輕薄」，「不僅語詞極不莊重，而且帶著明顯的玩弄和脅迫的態

度。」劉廷芳後來把《寄冰心》刪去「來述我們往日如夢的歡情，／來預言我們前途簇新的生活；／來慰我們現在百結的寂寥」這三行，改名《山中半封短信》收在《山雨》中，是明知故犯，別有用心。他還認為《山雨》扉頁上的《獻》：「空谷之言／橫海的燕子／白衣天使／花園的小孩」亦是有所指，是一慣的「詭計多端」。因為「橫海的燕子」是冰心獨創的抒情形象。劉廷芳歌頌「橫海的燕子」的《呢喃》一詩，寫於一九二九年六月十五日。而這一天，正是冰心與吳文藻的大婚之日。未知劉廷芳是否受邀在場，但他的「內心肯定遭遇了強烈的衝擊」。

劉廷芳富有激情，浪漫。這一切無疑都因為他的詩人氣質。

劉廷芳懂得謙讓。當年，他被一致推舉為燕京大學神科科長時，他堅持只任代理科長，達一年。

劉廷芳還很書生氣，甚至不諳世事。一九三〇年四月二十七日，他到陳垣家吃飯。飯後，與吳宓同出，拼命打聽吳宓家在何處之類的私人問題。可那時候吳宓已離婚，而劉廷芳不知底細。「宓殊難為情。」還有一次，劉廷芳與趙紫宸、簡又文等一起共遊杭州，投宿於西湖畔一旅館。三人促膝談文論道到半夜，想起宵夜小飲，便問店裏夥計，有無「青蟹」。夥計朗聲答應，微笑著說：「此地青蟹真是漂亮得很。一個人要一個嗎？」劉廷芳與趙紫宸同聲應道：「不錯，快來！」還是簡又文老練，多了一句：「多少錢一隻？」夥計回頭說：「十塊洋鈿一宵，便宜得很啊！。」原來這裏的青蟹別指暗娼。多虧了簡又文，免去一場尷尬。

然而，這一切都無法抹去時人對劉廷芳長袖善舞的非議，連他的好朋友趙紫宸也寫信給司徒雷登抱怨：「劉廷芳要做的事實在太多，他太想出風頭，決定太草率而不顧外界困難，主意太多而不切實際。」

　　雖然很長一段時間，學校裏風傳劉廷芳是司徒雷登的繼任者。但終究因為和洪業、趙紫宸等人無法和諧相處，而遠離了這個舞臺。

　　劉廷芳和洪業是多年摯友。洪業在俄亥俄州衛斯良大學畢業後，去紐約哥倫比亞大學和協和神學院讀書，就是聽從了劉廷芳的建議。他們與陳鶴琴等人，曾共組「十字架和寶劍」兄弟會。劉廷芳成為司徒雷登的助手後，極力推薦洪業。

　　洪業到來的第三個星期，劉廷芳贈詩洪業：「我向來不信，／奮鬥建設的生涯，／有半寸是夢。／……今日你來了，／帶來一礦火熱的同情，／三千捆簇新的希望，／這一雙寂守望穿的眼珠，／怎不被愉快的淚潮所漫紅……我向來不信，／奮鬥建設的生涯是夢。／但快樂到底和愁苦不同。」

　　不出一年，洪業就擔任了燕京大學的歷史系主任和文理科科長。

　　儘管洪業知道，他日漸權高位重無疑有劉廷芳的幕後推手，儘管洪業知道，他和劉廷芳對燕京大學的建設有很多默契，但卻無法毫無保留地忠誠於這位朋友。出於學校政策的分歧，從小摩擦到失和，最終導致一九二六年劉廷芳出走燕大赴美休假與演講。

　　晚年的洪業對他的傳記作者陳毓賢說，他們爭執的事是有一致性的。「第一次公開爭辯的原因是劉廷芳提議他們的『十字架和寶劍』與成立不久的『大衛和約拿單』兄弟會結合，洪業怕結合後的兄弟會成為會員升官晉爵的門徑而反對他；在燕京，劉廷芳在教員會議提議燕大頒發榮譽學位，洪業極其反對，秘密投票結果，洪業勝利。劉廷芳氣得跺腳走出去，把門砰地一聲關上。一九二五年孫中山死後，劉廷芳東奔西走遊說讓他以基督教禮儀下葬，洪業覺得孫中山年輕時雖是基督徒，但後來髮妻還在就另娶表示他已不遵守教義了，何必多此一舉？劉廷芳善於塑造形象，多方設計把中國基督教會拴在政治勢力的快馬上，是洪業不敢不也不屑為的。」

劉廷芳夫婦

　　洪業和劉廷芳有完全不同的辦事風格。劉廷芳激情四射，有他一套「漫無邊際包羅萬象的新中國夢想。」而洪業喜歡「看一步走一步，就事論事」。對此，劉廷芳也很有自知之明，他曾寫了一封意在調和的信給洪業：「你善於具體事務，而我則著宏大計畫。」

　　他們的失和，還有夫人的原因。洪業的夫人對劉廷芳處處看不上眼，覺得他老找機會抬高自己，並私下給劉廷芳取了個「耗子」的綽號。有一次，劉廷芳去洪家，他們的四歲的女兒大叫：「媽媽，耗子來了。」洪業說：「我們羞愧得無地自容。」

　　洪業和劉廷芳的最後一場爭鬥，是在燕京大學國學研究所和哈佛燕京學社的發展理念上的不同，以劉廷芳退出告終。

　　儘管趙紫宸對劉廷芳轉向政界也有不滿，但仍惺惺相惜，與他保持了一生的友誼。

　　劉廷芳和趙紫宸相識於一九二一年，一見如故。劉廷芳說：「我們兩人訂交，改良聖歌的志願，是一個極重要的媒介。」一九二三年四月，趙紫宸受邀到燕京大學作講座，劉

廷芳的才識，給他印象深刻。此時，趙紫宸在東吳大學任文學院院長，劉廷芳千方百計使其改投燕京大學效力，足足花了四年時間才成功。劉廷芳欣慰地說，請到趙紫宸加盟，「繼續我開始而未成功的工作」，是「我平生最得意的一事。」

趙紫宸後來成為宗教學院院長，在位逾二十年。對燕京大學歷史頗有研究的學者徐以驊曾評價司徒雷登是燕京神學教育政策的奠基和決策者，劉廷芳作為第一任華人院長是宗教學院的設計和組織者，而趙紫宸是燕京大學宗教學院的標誌和靈魂。

某種程度上說，趙紫宸是劉廷芳擺平洪業的一枚棋子。

對於洪劉不和，趙紫宸曾從中勸解。他寫信給劉廷芳：「兄多才多藝，然與弟均為同樣之人，故兄擇弟為友。但兄所事過多，以至於功虧一簣。此事不提也罷。弟意謂兄所需者避讓。兄欲得名，避之如毒藥；兄欲謀功名利祿，需避之如尋死！兄欲得之必不得。」

劉廷芳的一生，最瞭解的人是洪業和趙紫宸這兩位至交。雖然趙紫宸晚年出於不同的政治立場批評劉廷芳在燕大「野心勃勃、大事鋪張」，其用人政策是「名師主義」。但絲毫不能損害他們的一往深情。

一九四七年春，趙紫宸訪美。但那時候劉廷芳已病入膏肓住院療養，終未見上最後一面。

劉廷芳逝世，趙紫宸聞訊即賦詩：「海外華佗不奈何，刀圭無術起沉疴，吟呻真與同胞共，患難常因祖國多，筆底文章爭犀利，夢中志業鬱嵯峨，才華未見江郎盡，底事驚傳薤露歌。自得聰敏自有知，情深才大趁當時，言驚四座從容說，樂與群英慷慨施，純孝而今猶達禮，博文自古足為師，蓋棺事已憑人論，總荷皇天一片慈。正喜老成碩果良，天風吹爾落遐荒，可憐聖教才難得，不謂流年事有常，廣廈頹傾悲風礎，斗牛寂靜失龍光，滿林樗櫟知何用，

資待彌殷日月長。二十六年契誼深，幾行清翰見真心，中宵杯酒搖紅燭，幾紙文光照素襟，頌贊普天宏教旨，發揮真理坐書林，詩文爭霸人難再，遠哭風流痛一吟。」

經過漫長的抗日戰爭之後，身心疲憊的洪業也來到了美國，講學，旅遊。有一次到紐約，突然間記起他的老朋友劉廷芳住在此間多年，而從未去看望過他，便上門探訪。

一九七九年，四十年多年過去了，洪業回憶起那一次碰面，依然令人心裏同他一樣「一陣顫動」──

「劉廷芳臉色很蒼白，咳嗽得很厲害，我看了很難過。他就喚他一向很疼愛的女兒過來叫洪伯伯。而劉太太嘛，就忙著弄各種的藥給他吃。不久劉廷芳便去世了，但我第二年才知道。劉廷芳和我曾有一度那麼來往密切，有那麼可愛的友誼，他比我大一些，所以我把他當哥哥一般敬愛他；但我們未能維護這珍貴的友誼，劉廷芳雖過去那麼多年了，我每次想到他，心裏總還是一陣顫動。」

劉廷芳是虔誠的基督徒，他一定時常祈禱內心平靜如水。但事實上他在現實與心靈之間、出世和入世之間難於抉擇。

《山雨》中有這樣一句詩：「奮鬥的生涯，永不信浮生如夢。」可以想像劉廷芳追求理想之切、之堅定。但一片繁華背後，不甘寂寞的劉廷芳是寂寞的。

滄海桑田，到底還是有朋友想起來了他，如果他地下有知，應該感到滿意了吧。

朱維之的文藝探險之途

一九二三年年初，確切地說是在二三月之間，朱自清來到溫州。新學期，他將在浙江省立第十中學校任教。在未開學的時候，一位叫朱維之的高年級學生在新教員名單上見到朱自清的名字，喜出望外，手舞足蹈，「簡直不相信自己的眼睛」。但上課時，才知道教務處並沒有安排朱自清擔任他們年級的課，沮喪之至，「像從希望的頂峰上墜入失望的無底深淵」。朱維之覺得未得名師教導，是平生最大的損失，便慫恿幾個愛好文藝的同學，聯名去做去舊迎新運動，鼓動同學罷課，結果成功了。朱維之雖然從此被校方看為頭痛的分子，但他卻覺得「有無上的勝利的快慰」。

朱自清在溫只一年光景，影響卻深遠。其間，不僅創作了《綠》、《槳聲燈影裏的秦淮河》、《月朦朧、鳥朦朧，簾卷海棠紅》等名篇，而且「擎了新文藝火炬到溫州，使那裏的新文學運動頓放光明」。朱維之、蘇淵雷、金溟若等學生不滿足課堂上所得，還時常跑到他的住處請教，遞上自己平時寫的詩歌、散文，朱自清總是愉快地接受並很快地批改，加上評語。正是從那時候起，這幾位學生開始走上文學創作之路。

朱維之小時候就讀到過《聖經》，喜歡其中的神話、傳說和民間故事。到中學的時候又喜歡上其中的詩歌。那一首「滄海看見就

朱維之

奔逃，約但河水也倒流。大山踴躍如公羊，小山跳舞如羔羊」，朱維之為「其想像力之豐富而驚倒，覺得其中的美學要素濃厚，必定是一部文學的書」。但當時誰也不研究《聖經》文學，對於希伯來文學（即《聖經》文學）問題是無處問津的，便向朱自清請教。朱自清說，《聖經》中有不少很好的文學作品，像《雅歌》就是民間的情歌。這個簡單的答話，肯定了《聖經》的文學價值，使朱維之「放心把它當作文學書來研究」。從此，中國多了一個希伯來文學研究的奠基人。

一

一九〇五年三月，朱維之出生於浙江平陽縣朱家島村（今屬蒼南縣）。初名維志，單名智，後改維之。朱家島村中有兩個河中島，四面環水，一派南國水鄉景象，風光秀麗。小時候，朱維之最愛在水邊玩，大自然在他眼中是一部「看不完的大畫冊，讀不完的大書」。

朱家島村以朱姓人家為主，現有一千多戶人家，百分之九十五以上的村民信奉基督教。據《溫州市志》記載，一九二〇年，溫州

有三百二十一座基督教教堂，其中就包括朱家島村建於十九世紀末的一座教堂，可惜毀于解放初期。朱家島村村民信仰基督教歷史久矣，朱維之父母均是虔誠的信徒。因此，朱維之不僅很早接觸到了《聖經》，而且曾在溫州城區一所教會辦的崇真小學讀過書。由此可見朱維之終身研究希伯來文學的淵源。或許，這還能幫助我們理解他「放心把《聖經》當作文學書來研究」這句話裏所透露的年少時曾經的志忑了。

十四歲時，朱維之考上浙江省立第十師範。朱自清來溫那年，這所學校和浙江省立第十中學校合併，仍稱省立第十中學校。

中學時代，朱維之與蘇淵雷、金貫真、蔡雄等志同道合，曾組織「血波社」，以文會友，抒發情懷，交誼甚篤。

一九二四年，朱維之中學畢業後，去金陵神學院繼續學業。金陵神學院可以免費入學，解決了他的經濟問題，更重要的是，可以深入一步研究希伯來文學。

而此時蘇淵雷仍在老家。他給朱維之寫了一封信——

維之足下：別將一載，清音久絕。面有逸景之速，別有參商之闊，良有以也。追懷往昔，豈不惆悵？記否松台暮色，籀圃秋色？風月留人作主，湖山一別依稀。伊人天末，水各一方；春生南國，望斷淮西。想燕子磯頭，遙付澄思於海上；莫愁湖畔，長留佳跡於人間。水月秦淮，金粉六朝之夢；荒台煙雨，朝雲十二之峰。吟鞭所指，逸興奚如？仆自陽城別後，乏善足陳。江南春色，殊無聊賴。放宕形骸，只覺誤才誤學；蹉跎歲月，應憐磨墨磨人。夏素君將出，奮翮天南。舊雨新雨，風流雲散。送客情深，膽似秦時之月；懷人意淡，心如嶺上之雲。千里神交，幸承恩于雅範；十年一度，再相見以文章。因風遙寄，幸惠玉音。中常頓首

「恰同學少年。」這封意氣風發的書信，抒發了蘇淵雷對遠方友人的思念。「十年一度，再相見以文章」一句更是寄託了對朱維之的美好祝願。朱維之亦不負同學所望。

金陵神學院選課較自由。朱維之專攻中外文學，特別是宗教文學。讀有所得，便寫成論文寄給雜誌發表。第一個學期，他把中學畢業時在校刊上登載的《墨翟的人生哲學》略作加工，請老師推薦給上海的《青年進步》雜誌，想不到很快就刊出了。該刊主編很喜歡這篇文章，以為作者是教師，沒有料到是大學一年級新生。接著，朱維之又在該刊發表了〈中國最早的文學家屈原〉、〈詩仙李白〉。《青年進步》創刊十周年擬出特號，內容有關十年以來的政治、經濟、外交等，主編問朱維之能否寫一篇〈十年以來的中國文學〉。朱維之想：「那十年文學中，以『新文學運動』為最大的事件。這篇文章當以新文學為主。自以為歷來對此是注意的，平時和同學們對新作家有所議論，不會是人云亦云的平庸論文。」於是，答應了下來。這篇文章不僅如期刊登出來，而且日後成為朱維之走上大學講臺的敲門磚。

一九二七年，北伐軍攻克南京，熱血青年朱維之與同學薛水一起投筆從戎，西上武漢，參加了鄧演達和郭沫若領導的北伐軍總政治部工作。武漢政府垮臺後，回到上海，進入《青年進步》雜誌所屬青年書局。一九二八年，整整一年，朱維之都在書局做編校工作，在繁華的大都市過「刻板的生活」。當然，那一年，他沒有停下手頭的筆，創作的小說《瑪瑙一般的希望》、《天堂裏的煩惱》及短劇《懺悔》，論文《戲劇起源於宗教》等發表在《青年進步》雜誌上。

機會總是眷顧有準備的人。一九二九年，新創辦的福建協和大學校長林景潤和國文系主任王治心來滬招聘新文學課教師。朱維之正有心離開大都市刻板的生活，到山水清秀的地方去和青年學生一起活

動。於是，拿了《十年以來的中國文學》一文去應聘，得到同意。從此，朱維之以教書育人為業。

　　朱維之在協和大學教了一個學期後，又來了一個機會。校長林景潤安排他外出進修一二年，地點由他選擇。朱維之決定到日本進修。在協和大學學習了一年日語後，一九三〇年秋，朱維之去了東京早稻田大學和中央大學的研究科進修。在山口剛教授的啟發下，研究「中國文藝思潮史」。早在金陵神學院讀書的時候，朱維之「因為羨慕西洋文藝思潮的眉目清楚，有條有理，使讀者容易把握歷代文藝的精神，很想編寫一部中國文藝思潮史，使我們頭緒紛繁，枯燥無味的文學史，也能成為眉目清楚，又簡要又不枯燥的東西。」可是從浩如煙海的作品和零星的論文中找出一條線索來，談何容易，且短時間決辦不到。朱維之深感心有餘而力不足。山口教授著有《支那文藝思潮》，正是這方面的專家，給了朱維之諸多指點。他「心中的混沌逐漸有了模糊的輪廓」，參考胡適《白話文學史》、高須芳次郎《東

《中國文藝思潮史略》初版本

關東出版社出版的《中國文藝史略》
是一本盜版書

洋文藝十六講》、鈴木虎雄《支那詩論史》等用新觀點整理中國文藝的著作，完成了《中國文藝思潮史略》初稿。

回國後，朱維之用此初稿作講義，在協和大學和滬江大學講課。一九三九年七月，《中國文藝思潮史略》由上海長風書店正式出版，一月後即再版。當正要出三版的時候，太平洋戰爭爆發，長風書店內遷，不料途中此書的紙型毀於戰火，準備在後方出版意願落空。抗日戰爭勝利後，改由開明書店出版，於一九四六年十二月至一九四九年三月，接連出了三版。

我曾偶得一本大連關東出版社昭和十六年十一月版《中國文藝史略》，「讀書叢刊」之一，署朱維之著，內容與《中國文藝思潮史略》無異，應是盜版本。昭和十六年為一九四一年，鑽了長風書店版與開明書店版之間的空檔。關東出版社資料不詳，還曾盜版過老舍、茅盾的著作。

解放後，開明書店改組，《中國文藝思潮史略》再無印行。一九七八年九月，香港港青出版社未經作者授

權偷偷印了一版。一九八八年四月，《中國文藝思潮史略》經修改增補為《中國文藝思潮史稿》由南開大學出版社出版。

以上種種，可見《中國文藝思潮史略》一書受歡迎的程度。這無疑是中國現代文學理論研究史上一部富有創見、具有價值的著作。趙景深讀到該書後，在《在怎樣研究中國文學史》一文中評論：「我自己知道，我的前兩本文學史的缺點在於偏重各個作家的作品，忽略了各時代文學的趨勢和各種文體發達的原因。但我的『綱要』即第三本文學史卻改變了這種傾向，採用了很多張世祿《中國文藝變遷論》中的話，最近朱維之的《中國文藝思潮史略》出版，我覺得這是一本比張著更好的書，他拿西洋的古典、浪漫、寫實、象徵等主義名詞附會上去，並不顯得牽強。文筆也輕鬆活潑，簡直像一本創作。但我們反過來說，也不能只注重時代環境，而忘記了個人；或者說，我們也不能只記得法國泰納，而忘記了法朗士。將張朱之作做極好的參考書是對的；如以為這就是文學史的全貌，那就偏而不全，只能看到一面了。大凡偏的著作都各有其特色，每每是最好的研究必備書」。

二

滬江大學是一所有教會背景的大學。從一九三六年開始，朱維之在此工作了十六年，與施蟄存、余上沅、章靳以、朱東潤、徐中玉並稱滬江中文系「六教授」，其中，朱維之到任最早。八年抗戰時期，滬江大學從軍工路校區遷移到租界。在「孤島」，朱維之不僅完成了《中國文藝思潮史略》，而且撰寫了《基督教與文學》一書。

朱維之在是書導言中寫道：「我寫這書的時候懷有兩種希望：第一，希望基督徒青年多發生文學的興趣，隨時注意基督教本身的文學，使自己的宗教生活美化，深刻；更能接受文學的新挑戰，擴

《基督教與文學》初版本

展基督教文學新的前程。第二，希望我國文學青年多發生對基督教的興趣，多注意世界文學中基督教元素的重要性，更能接受基督教的新挑戰，使我國文學發出新的光輝。」

《基督教與文學》「以文學的眼光看基督教，又以基督教的眼光看文學」，對後世比較文學研究影響頗大。曾任燕京大學宗教學院院長的劉廷芳為該書作序。他與朱維之「同籍東甌」，同是滬上基督徒作者團契的契友，而且朱維之少年時曾從其弟劉廷蔚學習過西文。儘管此時他躺在仁濟醫院內科病房，可「病中讀完全稿之後，聽一夜的暮春冷雨，白衣者數次來巡，使人深覺夜長；但淒迷的冷霧，到底與黑夜同去了，海色入窗時，和熙的陽光接踵而至，窗上垂簾，床畔屏風，都抵抗不住」。劉廷芳竟忘記了綁帶所捆紮的，使他呻吟的病痛，洋洋灑灑寫下長長的序言，高度評價：「基督教在文學史上的成績至巨大而且重要，這是盡人皆知的。然而論者只能舉其大概，至有系統的著述，在基督教先進國中，也不多見。朱君此編，在我國實為空前的第一部。」劉廷芳一九四七年八月在

美病逝，朱維之即撰《中國基督教文化界的一大損失──悼劉廷芳教授》，刊於當月《天風》雜誌，表達了深深的懷念之情。

《基督教與文學》一九四一年五月由上海青年協會書局初版，一九四八年再版。一九九一年，上海書店影印出版《基督教與文學》和《中國文藝思潮史略》，列《民國叢書》第一編第六冊和第十冊，同時被抽印為單行本發行。

「孤島」時期，朱維之還撰寫了二十多篇論文，結集為《文藝宗教論集》，上海青年協會書局一九五一年出版。有論者認為：「在《基督教與文學》中，他對基督教的親近和弘揚態度是沒有掩飾的，但《文藝宗教論集》中的有關文章，表明他一定程度接受了馬克思主義及其對宗教的看法，這使他的研究更帶有科學和客觀的色彩。」

如果說後來朱維之的希伯來文學研究觀點發生了某種轉變，徐中玉《回憶靳以在滬江大學》一文所記是很可以說明些背景的。

他說：「滬江大學是所教會大學，在我進入的時候，管理權早已由中國收回，教會色彩已非常淡薄。中文系的一位資深『助教』丁景唐就是共產黨員。後來才知全校早已有了『黨組織』。上海解放時全校沒有受到任何損失。進步教師事前自發組成一個『革新會』，配合具體工作，協助華東教育部領導即來校正式接受，我們的說法是滬江『新生』。果然，這個大家盼望已久的『接收』、『新生』負責人靳以同志等都來了，明確被華東教育部請來當教務長和中文系教授，同時擔任滬江大學工會主席。大學教授也被認為『工人』，有自己的工會，是對大學同人的一大喜訊，即承認腦力勞動者也是工人階級了。『工人階級』當時對學校中人乃是求之不得，極為高興的事情。……靳以來滬江後不久開始了一段時期的『思想改造』，中文系小組即在他所住的一個較大的客廳裏舉行。領導怎樣計畫和要求的，大家不清楚，我只是在北京報紙上先已讀

到了一些老前輩的表態或檢查性文章。我們這個小組參加的除系裏六個教授一個助教與兩個學生代表，及一位新來的幹部外，並無別人。靳以是組長，教授即朱東潤、余上沅、施蟄存、朱維之和我。滬江全校有文、理、商、教育、社會、音樂等十多個系，所有包括文學寫作『大學語文』課程全是我們分擔的，互相理解盡力擔任，一向非常融洽。各人經歷自然不同，卻都歷史清楚。討論中，各自介紹過去經歷，教過哪些課，做過哪些研究，到過哪些學校。在各自所專的方面，究應如何批判舊思想，對封建時代包括國外資本主義、各種學派、學說究應如何批判分析，多表示教學、瞭解、弄清楚還很不夠，應要好好學習馬克思主義的有關學說。」

就在這次學習結束後，「六教授」各奔東西。「當年一起開會學習的六個同事，分手後就從未再一道會面過。」

一九五一年秋，朱東潤應徐中玉之約任滬江大學教授。他後來在自傳中談到對朱維之的印象：「中文系主任朱維之是一個老好人，但似乎太老好了，拿不出多大主張。不過他對於同系的人沒有任何猜忌，任何排擠，在我所遇到的中文系主任中，應當說是最好共事的。但是在他手中，中文系很難有所發展，這不僅是他所處的環境所決定，也是他的天性所決定了的。」

確實，朱維之在性格上有與世無爭的一面。一九五二年，朱維之北上天津南開大學任教，沒有任何職務。

此後，朱維之一度中斷了希伯來文學研究。他晚年回憶說：「解放後的思想改造時期中，一時難以寫出可觀的文章，因此暫時轉到翻譯，用以解除手癢問題。又因解放初期學習俄文的風氣盛極一時，我也跟著風氣學習，同時因為我在三四年代初在日本學過一段時期的俄文，使用日俄對照的方法學習，翻譯格裏鮑耶陀夫的《聰明誤》和瑪雅可夫斯基的《宗教滑稽劇》兩個俄國劇，由人民

文學出版社出版。」朱維之專事彌爾頓作品翻譯，亦成大家。他翻譯的彌爾頓作品數量之多，質量之高，無人可比。

三

朱維之翻譯成就固然非常高，但他內心所系還是對希伯來文學的「探險」。

朱維之不止一次用到「探險」一詞，在我看來意味深長。一九三九年十二月，他還在滬江大學任教時，曾編過一本講義，內收梁啟超《詩經解題》、陸侃如《詩經時代的鳥瞰》、顧頡剛《起興》、鄭振鐸《先秦的散文》等論文，題為《中國文藝探險》。一九八〇年，學界乍暖還寒，他即《外國文學研究》雜誌上發表了《希伯來文學簡介——向〈舊約全書〉文學探險》，「強烈表達了探索研究希伯來文學的學術勇氣和學術期待」。

探險之途多曲折。朱維之少年問學朱自清前，嘗到過無處問津希伯來文學問題之苦悶；青年立志研究《基督教與文學》，體會了新舊傳統激烈碰撞之震撼；當他想一如既往走下去時，時代的大船卻載他駛向另一個方向。朱維之採取了迂回策略，從翻譯彌爾頓作品入手。彌爾頓作品多取材於聖經，但卻是受馬克思認可的一位作家。馬克思讚揚彌爾頓「出於春蠶吐絲一樣的必要而創作了《失樂園》」。然而即使有馬克思的「支持」，在文革期間，朱維之還是戴上了「基督教吹鼓手」的帽子，可謂險象環生。直到晚年，他才終於可以義無反顧了。《古猶太文化史》、《希伯來文化》、《希伯來文學簡介》、《聖經文學十二講》、《聖經文學故事選》、《聖經奇文妙語選》等著述噴湧而出。他的學生崔寶衡說：「這些著作既與朱先生早年的宗教文學思想一脈相承，又是它的發揚光大」。

朱維之曾在《自傳》中寫道：「以往別人談歐美文學的源頭，只注重希臘文學，不涉及希伯來文學，我不盲目從眾，兼談『二希』。其實，歐洲在古希臘羅馬文學衰落後，並不是歷史的空白，而是以早期基督教文學為代表的希伯來文學的傳入，希臘文學與希伯來文學的交彙融合，便成為歐美文學的新起點，開創了西方文學的新紀元。這是我對歷史的一個大翻案，也是文學史的一個大翻案。」

　　對於朱維之的學術成就，他的老友蘇淵雷早有論及。一九四六年，朱氏家族重修家譜，蘇淵雷特撰《贈朱維志教授序》：

> 與維志別逾二十年矣，世變紛紜，所更非一溯。自髫年同學，雅契苔岑，佳日偕遊，奇文共賞，問松台之冷月，挹華蓋之停雲。回首前塵，恍如夢寐，曾構黨禍，七載幽囚。君渡扶桑，學成歸國，文史優遊，蜚聲講席。雖音書久闊，而千里神馳，故人天末，渺乃予懷。自東夷猾夏，違難巴中，君獨留滬，執教黌舍。西風故國，落日滄波，忽又八年，凜夷夏之防，嚴義利之辯，出其緒余，疏通文哲，新知舊學，相得益彰。所著若《基督教育與文學》暨《中國文藝思潮史略》諸書，類能鉤玄提要，機杼自成絕異，鈔胥徒工排比。僕早歲失學，中更憂患，偶有會心，輒同陳跡，閒情浪藻，久竊浮名，返視君文，真堪覆瓿，因展來書，勉為短序。嗚呼！河山歷劫，文字飄零，論世知人，倘有同感。

住在樹上的溫州和尚

　　十世紀四十年代初期，後來被稱為「燕園四老」之一的金克木有過一段「西天取經」的經歷。後來，他把居留印度時所遇人和事，寫成一本六萬餘字的回憶錄，題為《天竺舊事》。其中第四篇是《鳥巢禪師》，講述了一個住在樹上的溫州和尚的故事。

　　那時候，金克木在鹿野苑研習佛典和古文。有一天，鹿野苑的中國廟住持老和尚德玉約他一起去朝拜佛教聖地兼「化緣」。金克木提議尋訪西北方的舍衛國、藍毗尼、拘屍那揭羅遺址。到了佛滅度處拘屍那揭羅，德玉和尚說要會會這裏住在樹上的鳥巢禪師。

　　這位鳥巢禪師是中國和尚。他住的地方是「一棵其大無比的樹，足有普通的五層樓那麼高。在離地約一丈多的最初大樹杈上有些木頭疊出一個像間房屋一樣的東西。樹幹上斜倚著一張彷彿當梯子用的兩根棍和一格一格的橫木」。金克木好不容易上了「巢」，發現「巢」中並不小，但陳設簡陋。「沒有什麼桌、凳、床之類，只有些大大小小的木頭塊。有一塊比較高而方正的木台上供著一尊佛」。

　　鳥巢禪師操著家鄉話「天上一句，地下一句」同金克木聊了起來，儘管很難懂，但金克木當時正值而立之年，頭腦活絡，「弄清了大致情況」。原來他來自溫州，發願一定要見佛，便在此佛「涅槃」的聖地住下修行。起先搭房子，可三番五次被當地居民阻攔，

這本書透露了住在樹上的溫州和尚的法名

只能在野地上住。因這裏的冬天相當冷，就索性上了樹，搭了巢。同樣被人拆了好幾次，但當地居民見他一個月不下樹，也不吃東西，以為他成佛了，才讓他住下來，還居然面對他的大樹向他膜拜。他乾脆再搭了一個「巢」。這個「巢」雖然比原來房子小，但位置卻高一丈，離地約四丈，但還不到樹頂，「巢被枝葉掩住，不是有他的行動，看不出有巢」。

金克木忍不住問：「難道你真有一個月禁食不吃齋嗎？

鳥巢禪師毫不在乎人家觸到他的底線：「怎麼不吃？我白天修行，念經咒，夜深了才下去在荒地上起火，做好幾天的飯，拿上來慢慢吃。這裏的人不佈施我，我就在夜裏出去，到很遠的地方化點糧食，火種，蔬菜，香燭，還有深夜回來。」

又說：「現在不一樣了。常有人來對樹拜，不用我遠走化緣，吃的、用的都有人送來了。我也不用深夜才下樹了。有時這裏人望見我就行禮，叫我一聲，我也不懂，反正是把我當做菩薩吧。」

這是為何？歸途中，一位印度人向金克木道出原委：這裏的居民相

信這一帶是印度教羅摩大神的聖地，那棵大樹是朝拜的對象，更不讓人上去。「後來不知怎麼，忽然居民傳開了，說是羅摩下凡了。神就是扮成這個樣子來度化人的。」「居民也不知他是什麼教，修的什麼道，只敬重他的苦行。你知道，我們國家的人是看重苦行的。」

鳥巢禪師並不以「鳥巢禪師」自居，他曾告訴金克木他的法號，可惜金克木忘了，在這篇〈鳥巢禪師〉中沒有記下其真名。

《法音》雜誌一九八二年第三期刊出〈鳥巢禪師〉一文後，引起一些溫州人的興趣。溫州圖書館潘猛補曾致信金克木詢問有關鳥巢禪師的情況，但金克木已想不起更多故事以及他的真名實姓。研究印度文學的溫州學者、詩人瞿光輝亦曾撰文介紹。筆者也寫過一篇小小的讀後感。但鳥巢禪師到底是誰？他後來又怎麼樣了？終歸是個疑問。

其實，金克木的文章裏已留下一點線索。他在介紹德玉和尚時候，說「他來到『西天』朝拜聖地時，發現沒有中國人修的廟，無處落腳，便發願募化；得到新加坡一位中國商人的大力支持，終於修成了廟。」如果知道這位新加坡的中國商人是誰？或許尋找到鳥巢禪師的蛛絲馬跡。

最近筆者讀到商務印書館一九四〇年八月出版的《印度古佛國遊記》，作者李俊承就是資助德玉和尚在印度鹿野苑建造中國廟的新加坡商人。德玉和尚的師傅道階和尚原是北京法源寺住持，一九二六年被迫離京，遊歷鹿野苑時發現一所唐代華僧所建的「支那寺」遺址，便發下心願，要在有生之年予以重建。一九二九年，道階和尚在緬甸仰光參加「世界佛教會議」，遇見新加坡代表轉道和尚，會後隨轉道新加坡，認識了當地篤信佛教的富商李俊承。用今天的話說，李俊承是「富二代」，奉父命十七歲下南洋，先後在馬來西亞和新加坡創辦永興公司、太興公司，購置大豐餅乾廠，出

李俊承拍的照片看不清楚善修的面目

任和豐銀行總理等。他答應資助道階和尚重建支那廟。不料，一九三四年，道階和尚圓寂，已做好勘察、規劃的重建工作擱置。一九三八年，李俊承將此重託交給德玉和尚。故此，李俊承於一九三八年和一九三九年兩度訪印，第二次是主持重建典禮，並易「支那寺」名為「中華佛寺」。《印度古佛國遊記》即是一九三九年印度之行日記，其中李俊承果然提到了鳥巢禪師。

行奠基禮後，李俊承朝拜佛國聖跡。二月十日，經拘屍那揭羅，在德玉和尚引見下，他見到了住在樹上的和尚。「近處參觀即畢，德玉師前導南行赴一英里之外羅摩巴窣堵波（Rama Bhar Stupa）。該窣堵波已傾圮，唯餘瓦礫堆，頗高，如小山。上有二大樹，有中國僧人善修法師在樹上結廬苦修，已歷多年。德玉師與彼相識，呼之下樹相見。予贈資為袈裟費，拒不收。予等為攝影二幀，乃歸。樹旁另有陶製動物形之物，大小數個，後豎一簡陋之幡，詢之為印度人崇拜之物，想係拜自然之教。林君為攝一幀。」李俊承早於金克木見到了鳥巢禪師，雖然他沒有詳細描繪鳥

巢禪師的事蹟及住處，卻記下他的法號並拍了照片，為我們提供了進一步考證鳥巢禪師的故事，提供了線索，十分寶貴。而且，從鳥巢禪師拒絕李俊承的贈資來看，另外一個側面說明了他的苦修。

一九五六年，馮友蘭隨中國代表團到印度參加釋迦牟尼逝世二千五百年紀念大會，居然也遇見了這位住在樹上的中國和尚。馮友蘭在〈三松堂自序〉中寫道：「在釋迦牟尼的墓地（墳墓就是一個很大的土塚，雜草叢生，毫無標誌）卻碰見了一位中國和尚。他是在民國初年，從四川步行到印度的，路上走了十幾年。他到釋迦牟尼墓地的時候，那個墓地更是一片荒蕪。他在一棵樹上，搭了一個巢，晚上睡在巢裏，下面很多毒蛇，他也不怕。每隔幾日，他到附近的城市去乞食，乞來夠幾天用的食物，他就又回到樹上。一直到最近，考古學家才帶著人來把墓地清理了一下，印度政府還為他在墓地附近蓋了一間房屋。我們也到他的小屋裏坐了一會兒，他那間小屋裏可以說是『家徒四壁』，但是在牆上掛著一張毛主席像。」馮友蘭雖然也沒有記錄這位和尚的名字，但他無疑就是與德玉和尚、李俊承、金克木相識的鳥巢禪師。不過，這時候他已經不是鳥巢禪師了，有了地上的房子，有意思的是他的小屋牆上還掛著一張毛主席像，有點令人難以置信。

一九五九年一月，南洋大學教授許雲樵率該校史地系畢業生赴印度進行旅行考察。回來後，寫成《天竺散記》於一九六四年十一月由新加坡青年書局出版。在是書〈旅印觀感錄〉一文中，他感慨印度是一個「極端國家」，並舉了很多例子，其中一個對比是：「她有名聞天下第一次征服二萬九千一百六十尺的世界第一高峰Chomo Langma的爬山英雄天星（Tenzing尼泊爾人），也有不問世事，結廬在榕樹上苦修二十八年的善修法師（溫州人）。」

綜合金克木、李俊承、馮友蘭、許雲樵等人的描述，大致可以粗略勾畫一下這位現代「鳥巢禪師」的形象了。

「鳥巢禪師」法號善修，溫州人，俗姓及出家年月不詳。金克木說，鳥巢禪師和德玉和尚的年齡差不多，都在六十來歲，可以推測鳥巢禪師大約出生于十九世紀八十年代。善修法師一心向佛，一九一〇年代初從四川一路步行，歷經十多年的坎坷，到達印度，在拘屍那揭羅附近一棵大樹上搭巢苦修近三十寒暑。善修法師是一位苦行僧，金克木曾親見他的兩膝滿是火燒的傷疤。馮友蘭在那次訪問中，雖然到過許多地方，卻沒有遇見一個印度的佛教和尚或尼姑，只碰到鳥巢禪師和另外一位中國尼姑，他由此感歎佛教在印度的衰微。但這或許能說明善修法師的聲名了。而許雲樵一文將之與爬山英雄天星相比，更可證明他在印度的知名度。

　　一個異國他鄉之人能在「西天」受到如此禮遇，實在是一種榮耀。誠然如金克木所見所聞，善修法師的「巢」並內無佛典，誦的是自幼背熟的經文，識字不多，中國話和外國話也講得並不怎麼樣，實在不是一般人眼中高僧大德的形象。雖然，從目前掌握的資料來看，他到西天的目的有別於唐三藏，反而讓我們很容易想起西藏路上見到的轉山人，但他內心對信仰的追求是和唐三藏一樣的。尤其在佛教式微、交通不便、資訊不暢的時代，徒步千萬里，苦修一生，其內心世界承載的毅力何等強大。這種「我一定要見佛，我一定能見到佛的」執著精神令人感動，令人尊重。品味金克木的文章，多少透露著惺惺相惜的意味。金克木又何嘗不是一位治學路上的「鳥巢禪師」呢。

　　鳥巢禪師本是唐朝的一位高僧，因為與大詩人白居易的一次對話深為人知。白居易出任杭州太守時，去拜謁鳥巢禪師。禪師俗姓潘，九歲剃度，二十一歲受戒於荊州果願寺，後入陝參禪，悟道南歸，見杭州秦望山有一棵蒼勁古拙的老松，便在樹上結庵而居，故人稱「鳥巢禪師」。白居易在巢下問：「禪師住處甚危險。」禪師答：「太守危險尤甚！」白居易不解：「弟子位鎮江山，何險

之有？」禪師道：「薪火相交，識性不停，得非險乎？」白居易又
問：「如何是佛法大意？」禪師說：「諸惡莫作，眾善奉行。」白
居易不屑：「三歲孩兒也解那麼道。」禪師曰：「三歲孩兒雖道
得，八十老人行不得。」白居易心悅誠服，作禮而退。

在《西遊記》第十九回《雲棧洞悟空收八戒，浮屠山玄奘受心
經》也出現過一位住在樹上的和尚的形象，不過，吳承恩給這位大
師取名「烏巢禪師」，而非「鳥巢禪師」。

鳥巢禪師的事蹟流傳很廣。宋代大畫家梁楷繪《八高僧故事
圖》，其中之一即鳥巢禪師與白居易。一九二二年，日本作家芥川
龍之介到杭州旅行，慕名而訪鳳林寺。該寺又名喜鵲寺，即鳥巢
禪師的道場。他說：「寺本身幾乎不值得一看，但有應該憑弔之
處。」一九三五年十月，該寺鳥巢禪師塔院重建，太虛大師撰重建
碑文。

不過，唐代的故事畢竟離我們有點，乃至虛無縹緲，而金
克木、李俊承、馮友蘭等人卻是很幸運見到了一位現代「鳥巢禪
師」。遺憾的是，對於善修法師的經歷，我們所知有限，遍查有關
溫州宗教史資料未著一筆。真心希望有人通過上述線索來進一步挖
掘，添上精彩一筆。

朱鏡宙的婚戀

章太炎自訂年譜中曾提到二十五歲那年納妾王氏。此時，他並無正室。這是為何？章士釗《柳文指要》說明：「太炎幼有癲疾，家人不為娶妻，遂私婢而得。」癲疾俗稱羊癲風。還有種說法是，舊時有社會的大戶人家子弟，往往先納妾後娶妻。章太炎與王氏育有三女，名字都很古怪，頗顯古文字學家的癖好。長女名字叒是四個乂組成，音里，適嘉興龔寶銓；次女名叕，四個又組成，音輟，過繼給章太炎的大哥，一直留在老家，適關某；三女的名字㠭是四個工組成，音展，嫁給樂清朱鏡宙。

說起朱鏡宙，一生雖不乏傳奇，但不瞭解他的人總以「章太炎的女婿」來論之，似乎有傍名人之嫌。朱鏡宙晚年撰寫了自傳《夢痕記》，其中記錄有與章㠭的婚事。他是如何看待這段姻緣的呢？

樂清朱氏詠莪堂印行的《夢痕記》，網上有家書店原只存下冊，去年年底忽見已配有上冊，儘管價格不菲，還是先下手為強了。兩冊舊書從海的那一邊遠涉而來，

朱鏡宙一生傳奇

翻看版權，才發現竟然不是同一版本，上冊為「中華民國」六十二年十一月三版，下冊為「中華民國」六十七年六月修訂版，頗覺遺憾。但春節放假在家讀完《夢痕記》之後，遺憾煙消雲散。

朱鏡宙一生經歷豐富，其自傳涉及甲午戰爭、辛亥革命、北伐、護國運動、西安事變、抗日戰爭等中國近現代史上諸多重大事件，及蔣介石、朱紹良、章太炎、太虛法師等名流軼事。他早年主辦過《天鐘報》、《天聲報》、《民信報》、《國民日報》等，後長期在金融財稅界服務，善理財，曾擔任甘肅省財政廳長、陝西省財政廳長、川康區稅務局長等職，晚年則致力於佛學研究。難怪朱鏡宙的兩位小同鄉張淮南、南懷瑾極力鼓動他寫自傳了。

朱鏡宙說：「我既在這個大時代中，且曾數度扮演過一個跑龍套的小角色，歲月如流，偶一回首，真如一場大夢。而這個夢，有辛酸，也有甜蜜；有淚痕，也有笑容；形形色色，多采多姿，如能將它紀錄下來，作為夢痕看，也未嘗不可。況乎『前事不忘，後事之師。』擇善而從，不善而改，是在當人一念之間而已。」他的婚戀生活當然是其中一段「有辛酸，也有甜蜜；有淚痕，也有笑容」的夢了。

同床異夢　各有世界

話說朱鏡宙在樂清師範講習所畢業後，父親替他安排完婚。

新娘年長新郎幾月。古話說，有銀娶婆大。當初媒公來提親時，母親聽了很喜歡。並且希望新娘如自己的女兒般賢慧，但這個願望落空了。

朱鏡宙見母親每個清晨都跪在井邊洗衣服，就勸妻子代勞：「我自少身體羸弱，母親育我一輩子，非常辛苦，現在老了，家又赤貧，你的體力健壯，凡如洗滌等事，該是做兒媳的應做之事。」

但妻子還是我行我素。朱鏡宙最後說：「我的衣服，你不必費心，我自己會洗。但是父母的衣服，你必須好好照顧。」依然無效果。

而且，朱鏡宙發現妻子把家裏的米、桂圓、黑棗等物偷偷拿出半賣半送，讓他傷心之至。若不是父親勸他「家醜不可外揚」，他就使她「滾回去」了。

朱鏡宙的母親去世的第二日，妻子便提出分家。分家不成，又用怠工的方法，不理家務，甚至煮飯洗地都不管，由公公去做。她認為這樣一來或可逼迫丈夫就範。殊不知，夫妻間感情愈來愈壞，終導致這椿「父母之命，媒妁之言」的婚姻破裂。

兒子兒媳，難以始終，父親看得很明白，勸兒子納妾，但這又非朱鏡宙願意的。他不願意在父親在世時過於擔心，決定隱忍下去。

朱鏡宙說：「我們不僅同床異夢，簡直各有一個世界。至少，一個是在南北極，一個是在赤道上，思想與意志，相距這麼遠，自然無法永遠和諧相處。」

朱鏡宙的妻子也並不是一無是處。朱鏡宙晚年還記得，當他盛怒時，如或罵她幾聲，從無反唇之事。「這一點，我不但牢牢記住，而且十分感謝。」

一半勾留是此圖

朱鏡宙得知浙江高等巡警學校招新生，遠離家鄉前往杭州投考。從此，生活翻開新的篇章。

一九一四年，朱鏡宙回溫擔任《天聲報》主筆。這時期，朱鏡宙認識了溫州城裏許多名流，而來往最密切的是一位叫柳寰的朋友及其家人。

按朱鏡宙自傳，柳家信奉基督教。父親是牧師，不幸早逝，遺有三子二女。母親一肩承起家庭重擔，撫育兒女長大成才。後來三子皆留學美國，二女大學畢業。朱鏡宙贊這位言行不苟的老太太為模範母親。「尤其難得的，她的兒女們，都能善體母意，循規蹈矩，勤學勵行，家門之內，從無詬誶之聲，更夠得上稱為模範家庭。」

柳家姊妹有「甌海二喬」之譽。且看朱鏡宙對「大喬」柳儀的描寫：「有雙圓圓烏黑的眼睛，長長的睫毛，白而膩的面龐，珂雪般的皓齒，當他櫻唇微啟的時候，那股欲語先羞的嬌態，會撩亂你的情懷。而她的天生麗質，更非我這枝禿筆所能描述一二。她常以明月前身自況，確足當之無愧。」

朱鏡宙對「人是月中仙」的柳儀一見傾心。而柳儀也常對柳寰談起朱鏡宙，「絕不會久困風塵的，終有一日，能脫穎而出」。朱鏡宙青年時頗多坎坷，「二十餘年來，所遭到的只是侮辱與蔑視」。現在得遇知音，深為感激。

但溫州城區是個小地方，「風俗澆漓」，稍有不慎，謠言即起。母親深諳世故，常教導女兒愛惜自己的羽毛。而且，朱鏡宙也不想讓愛自己的人因此受到意外委屈。所以，他們的交往異常矜持，不但從沒有說過半句笑話，就算普通見面會談也很少，只有「相對無言情脈脈」，「兩心不語暗知情」。

有一個星期天的早晨，柳母在廚房聽到朱鏡宙正與柳寰聊天，便高聲道：「朱先生！你要去做禮拜麼？等一回她們都要去的。」朱鏡宙與柳儀的友誼，柳母看在眼裏。「她們」當然是指柳儀了，朱鏡宙心知肚明。「要去的，伯母！禮拜堂在哪裡？」「就在後面，阿寰！你陪朱先生先去。」

這是朱鏡宙第一次踏進基督教堂，第一次與上帝打交道。他和柳寰坐定後，不到兩分鐘，柳儀翩然而至，坐在風琴前。朱鏡宙這才知道柳儀是位琴師。

琴聲響起，眾人起立，唱讚美詩。但朱鏡宙不會，只好唱幼時讀過的「關關雎鳩」那首詩來讚美柳儀。朱鏡宙在回憶錄中寫道：「柳儀確有后妃之貌與德，在我的心目中，比上帝還值得讚美。假使當時我的歌聲，能被儀發現，她一定會報我以會心的微笑。那，我比戴上一頂皇冠，還要榮幸。」就這樣，朱鏡宙第一次自由戀愛了，也嘗到了初戀的感覺。一日不見，如隔三秋。「兩條腿總是不聽使喚，一出門，老是仍向柳家去，連自己也不知所以然」。

就在這個時候，《天聲報》出事，朱鏡宙入獄。關押五日後被釋，朱鏡宙到柳家，謝謝他們的懸念。柳寰問朱鏡宙今後的計畫。他答：「辦天聲報遠非我的本意；現在，我想到南洋墾荒。」同時，朱鏡宙把目光移到牆壁上的一張月份牌上，笑說：「柳寰！這個可人兒，倒很像大姊。」「像麼？大姊昨天還改白居易的兩句詩笑你呢！」朱鏡宙急問是哪兩句？柳寰念道：「未能拋得溫州去，一半勾留是此圖。」朱鏡宙說，這是我生命史中最難得的紀念品。歸途，將此續成一詩：「未能拋得溫州去，一半勾留是此圖；眼前知音吾已矣，卻教紅粉慰江湖。五月江城夢不孤，攜將佳句伴征途；未能拋得溫州去，一半勾留是此圖。」

清晨，柳儀拉著小弟柳惠，相偕遊東山。朱鏡宙遠遠跟在後面。在東山腳下流水畔，朱鏡宙與柳儀默默站在曲橋上，忽然柳儀對他說：「朱先生，我要同你說幾句話，請不要看我。」朱鏡宙如奉聖旨急轉過身。

「朱先生，你就要遠行了，大丈夫志在四方，不可依依於兒女之間，只要萬里同心，那豈不是比天天相見還有價值，有意義！此去，一切自己保重。」「是！」「你有沒什麼話對我說？」「沒有！」

朱鏡宙的回答實在太簡單了。他有千言萬語要對心上人訴說，卻不知從何談起。一直以來，朱鏡宙視柳儀為天人，自漸形穢。況

且，前途渺茫，使他更不敢妄想。「這些，想儀或能瞭解我罷。」朱鏡宙在心裏對自己說。

泛舟湖上，柳儀讓朱鏡宙為她和小弟拍張照片，想不到技術不高，出了問題，無法洗出。

過了兩天，朱鏡宙向柳寰辭行。柳寰悄悄遞給他一張扇面，笑道：這是大姐留給你作紀念的。原來，柳儀是永嘉畫師汪如淵的高徒。扇面是一幅海棠蛺蝶圖。柳寰以海棠自況，蛺蝶象徵朱鏡宙。

臨別的早晨，朱鏡宙拜別柳母。柳儀聽到他聲音，急忙出來，呆呆立在門後。柳母說：「今天很巧，有個外國太太，也去上海，柳儀會去船上送你。」好事多磨，有位朋友也送朱鏡宙，在碼頭上邊走邊談。柳儀只好倚著船弦，目不轉睛地望著朱鏡宙。這位朋友待汽笛聲響起才告別。朱鏡宙和柳儀竟沒有說上話，只好彼此目送對方漸漸遠離。

當朱鏡宙三年後南洋歸來，柳寰去讀大學了。柳家在舊宅對面，新築了三間樓房。柳惠告訴朱鏡宙，這是預備給大嫂從美國回來住的。

柳寰的大哥柳舫，應燕京大學之聘，自美回國。

柳儀即劉文端

朱鏡宙曾在《夢痕記》自序中說過，這部自傳涉及許多個人，頗感左右為難。「照實而書吧，人將謂我有傷忠厚；不書吧，何有於記？」權衡兩者，就用諧音代替。「因此，本書所記，有其事，有其人，未必有其名。」對於這段感情，厚道如朱鏡宙，是用諧音來替代當事人名字的。但讀者如我，往往會有尋找當事人真實身份的衝動。民國初年，溫州城內柳姓兄妹到底是誰呢？當讀到「柳寰

劉廷芳一家是模範之家

的大哥柳舫，應燕京大學之聘，自美回國」時，我眼前一亮，驀地出現劉廷芳這個名字。

我曾關注過劉廷芳這位民國期間著名的基督徒，上海聖約翰大學畢業後赴美國求學，獲喬治亞大學學士學位和哥倫比亞大學教育與心理學博士學位，曾擔任燕京大學宗教學院院長。關於劉母及其幾個子女，我寫過一篇《詩裏詩外劉廷芳》，裏面的故事和朱鏡宙所記完全吻合。

柳舫即劉廷芳無疑。那麼，柳寰就是劉廷藩了，柳惠是劉廷蔚。而柳儀則是劉文端，小妹柳莊是劉文莊。劉廷芳之妻吳卓生，留學美國，歷任燕京大學、北京女子高等師範學院教授。

接下來，朱鏡宙所記柳儀的故事，更證明了我的推斷。

柳家大嫂姓吳，與柳儀先來北京。柳儀入燕京大學讀書。大嫂有意將自己的弟弟吳廉生介紹給柳儀。雖然吳廉生為人不錯，但柳儀並不喜歡。大嫂知道柳儀對朱鏡宙有感情，有次凶凶地對朱鏡宙說：「朱先生，我想實在告訴你，大妹妹已由大哥在美國許配人了。」朱鏡宙聽了覺得好笑，一個嶄新的現代留美學生，不經本人同意，會替她許配人，不是在撒謊嗎？

不久，柳母與柳舫、柳寰都來到了北京。柳儀在幾次試探朱鏡宙不果後，心灰意冷。柳母的態度也發生了變化。有天，狠狠罵了朱鏡宙一頓。「我受了天大的委屈，無處發洩，竟不自覺地大哭起來，也不申辯一句，讓老伯母罵個夠，讓我哭個夠，以為結束我與柳儀數年間相慕相愛所應付出的代價。」

朱鏡宙二度下南洋。在一個清秋的深夜，忽然夢見柳儀闖進來。驚醒，心跳劇烈。合眼，柳儀又來，再也睡不著，於是，披衣起坐，倚欄望月，誦「衣冠楚楚人如玉，涼月娟娟夜始秋」句。次晨，急拍電報給柳寰，問柳儀安否？沒有回電，朱鏡宙知道柳儀定平安，否則柳寰必回電。

不久，朱鏡宙返滬，接到柳寰覆函：「大姊已同羅先生訂婚，母親要我別告訴你。」

朱鏡宙即去函柳儀，託柳寰轉：「知君與羅先生訂婚，聞之欣慰。君已遲我五年，時間不為不久，我則囊筆天涯，一無所是，勞君延佇，負疚良深。茲幸終身有託，尚望一心一德，相夫成名，兄亦當力圖奮勉，期有寸功，藉報當年眷顧之恩。書不盡言，伏惟珍重。」

朱鏡宙繼而寫道：「柳儀的丈夫羅先生是心理學博士。」劉文端嫁與曾任燕京大學校長的著名語言學家、心理學家陸志韋。兩者相符，而且，羅與陸在溫州話諧音。

朱鏡宙與柳儀的因緣，到此在形式上告一段落。

「噴射式」的婚姻

一九二三年秋天，在福建中國銀行任職的朱鏡宙，到上海辦事，因便去看章太炎，請他寫個便條，介紹認識杭州某君。章太炎口頭答應，但朱鏡宙去了兩次均未見先生寫信。朱鏡宙素來敬重

先生，自然不便催促。第三次見章太炎時，章告訴朱，近期要去杭州。朱鏡宙問：「可否侍先生同去？」章答應了。

朱鏡宙與章太炎及夫人等人同去杭州。途中，朱鏡宙與章夫人湯國梨閒聊。章夫人問及朱鏡宙的家庭狀況、現在的職業等，朱鏡宙一一告之。

到杭州，住下。晚九時，章夫人忽親自給朱鏡宙送去一碗雞卵，對他說：「我看你這個青年不錯，倒還不錯；先生有個三女兒，待字深閨，我想給你。你的意思如何？」

這突如其來的大問題，使朱鏡宙一時無法作答。「像先生的門第，如非師母自己啟口，我連夢都不敢做，遑論求婚。」朱鏡宙躊躇片晌之後，答道：「師母厚意，使我感激無地！不知三小姐現在何處？今年幾歲，為什麼我從來沒有見過這位三小姐？」

章夫人告訴朱鏡宙：她今年二十五歲，現在在金陵女子大學讀書。

「三小姐已經二十五歲了，且受高等教育，是否已有朋友？」

「我們知道她沒有任何男朋友！」

「兒女婚姻問題，最好讓各人自己做點主，如果硬性的由父母去決定，恐怕將來會有埋怨。」

「是的，但在我們家庭的立場上，父母不替她做點主，只怕會耽擱下去。你是知道的，先生終日埋頭故紙堆中，對於兒女婚姻問題，從不經意。我又是晚娘。如果真的延誤了，人家一定會責備我不替她留意。」此時王氏已去世。

「師母處境，確也為難。最好讓我們自己先見個面，看有沒有緣分？」

「好的。」

「先生意思如何，師母有沒有徵求先生的意見？」

「先生知道你比我多，不會有問題。」

返滬後，朱鏡宙與章夫人即去南京看章三小姐。章太炎寫信給女兒，讓夫人帶去。寥寥數語，大致是說：汝母此來，是為汝事。

　　在金陵女子大學，章三小姐才下操場，章夫人替他們作了介紹。次日，章三小姐請假陪母親及朱鏡宙玩了一天。就這樣，朱鏡宙與章玨算是訂婚了。章玨大姐與光復會健將龔寶銓結合，也是如此快速。我在汪榮祖《章太炎散論》一書讀到，當時章太炎流亡日本，生活艱苦，很少下館子。有次，章太炎帶兩個女兒及龔寶銓上館子小吃。餐後，章太炎只帶小女兒一人回去。原來，大姐隨龔寶銓回家了。這一便餐就算是他們的喜酒了。所以，章玨應該知道父親對嫁女兒的態度了。

　　而朱鏡宙自第一次婚姻失敗後，對於結婚的態度，相當保守，凡是闊小姐，一律不敢問津。而先生一生奔走革命，四處飄泊，章玨無疑是位克勤克儉的小姐了。同時，她又是金大女生，英文不成問題。朱鏡宙一直沒有機會好好學習英文，這對於他的事業前途，可獲幫助。朱鏡宙說，和章三小姐「噴射式的訂婚」，是與這些因素有關。

　　如果沒有這次出差，如果章先生很快替他寫信，如果沒有章夫人同行，那麼這場婚姻根本不會發生。朱鏡宙說：「因此，我仍認為是命運之神，冥冥中又在那裏替我安排了一幕喜劇。我與柳儀的結合，如彼之難；與章小姐的結合，如此其易；那，只好拿佛法的『宿緣』『異熟』來解釋了。」

　　朱鏡宙與元配薛氏，生有一子振威。與章玨育有一女人嫻，任民航翻譯，不幸於一次飛機失事中遇難。一九四九年春，振威隨朱鏡宙赴台，後從事金融工作。振威生有四子。《夢痕記》附有晚年朱鏡宙及其子孫全家的照片數幀。

此李笠非彼李笠

網路上百度「李笠」，結果有兩位人物。一位是當代詩人、翻譯家，一九六一年出生，尤以翻譯瑞典詩人特朗斯特羅姆的詩聞名；另一位則是生活在民國時代的學者，詩人李笠出生的第二年，他已離世。

可惜，在當今這個年代，不管是詩人還是學者，都不是文壇學界引人矚目的明星。尤其對於生活在民國的學者，早淡出人們的視野。沈建中為著名學者施蟄存編輯《北山談藝錄續編》的時候，施先生特地拿出李笠〈蟄存詞長饋虎肉詩以謝之〉一詩手稿，交代要收在書中。他在〈憶雁公贈詩〉中說：「雁公為一代學問家，老人辭世已多年，如今卻鮮為青年學人所提及，故檢出雁公昔年贈余墨蹟，重溫舊誼，並供刊佈，聊表懷念之忱。」

李笠，字雁晴，一八九四年一月生，浙江瑞安人。四十年代初，與施蟄存同在廈門大學任教。時逢戰亂，廈門大學內遷至福建長汀。一日，施蟄存授課後閒步市集，遇有虎肉出售，便購得一臠，煮熟後盛了一碗送給李笠品嚐，並附〈汀州市上得虎肉自烹之以一臠餉李雁晴媵以小詩〉：「乙威遽失葭中勢，九沸翻成席上珍。遣與一臠堪左載，槐齋食譜鬥尖新。」過一日，李笠回贈一詩以謝，〈蟄存詞長饋虎肉詩以謝之〉：「腥風昨夜襲行廚，別館驚逢席上腴。理疾但教嚐一臠，（余患胃疾，屢思食虎肉，未果。）

青年時期的李笠

假威誰復問群孤。斑摧匕箸歡捫腹，色變笑談怕捋須。多謝愚山相饋贈，助吾詩思益吾迂。」

而我瞭解李笠，始於張秀民著《中國印刷史》。一九八四年，七十七歲的張秀明歷經數十寒暑，終於完成《中國印刷史》。是書序言中，談及李笠對他的影響：「初，余在廈門大學肄業時，受瑞安李笠（雁晴）先生的啟發，對圖書目錄學發生興趣。只要不上課，就進圖書館（集美樓）書庫，自由閱覽圖書。發表過兩篇有關版本目錄的文章，由李師寄交給當時北平圖書館徐水袁同禮（守和）副館長，袁先生看可以後，即由館方名義來信謂：『新館落成（今文津街北京圖書館）需人，望速來。』於是未及行畢業禮，就到館，時為一九三一年七月初。」當時，北平圖書館不僅發揮了一個公共圖書館的職能，而且致力於辦成一個學術研究機構，聘請謝國楨、劉節、向達、趙萬里、賀昌群、孫楷第等人從事各種研究。「在這種濃厚的學術空氣中，自然受到薰陶切磋之益，也堅定了寫印刷史的決心」。我素有收集「書之書」的嗜好，張秀民的一席話使我對

這位鄉前輩產生了興趣，並搜得所著《定本墨子閒詁校補》、《三訂國學用書撰要》、《文學概論講義》，甚為寶之。

李笠出身貧寒，幼年喪母，九歲才上小學，靠親戚資助讀了中學。因「無力備置課本，則手自繕寫，雖巨帙之西文通史及附圖表之理化生物，並摘其都凡，識其要旨」。中學畢業後，一邊在家塾教書，一邊刻苦自學。所以，被稱為自學成才的學者。十一二歲的時候，李笠曾聽過孫詒讓的演講，後又有緣入玉海樓，得讀孫氏藏書及手稿，學業大進。一九二五年十二月商務印書館初版《定本墨子閒詁校補》即是讀孫詒讓《墨子閒詁》所得，是書敘提到「私淑孫氏」這一層關係：「笠丱年受書，便私淑孫氏，甲寅之歲，初讀《墨子閒詁》，輒為舉正數字。辛酉春月，館邑之南鄙，索居無聊，取定本閒詁，與聚珍本畢刻本對勘，互有不合，定本之挩偽尤多。……盡校書掃葉之功，伸大儲未竟之緒。」楊樹達為同年出版的《史記訂補》作序亦談及李笠嘗讀玉海樓藏書：「往者杭縣友人馬君夷初語余，瑞安有績學士李君雁晴，盡讀其鄉前輩孫氏仲容玉海樓藏書，專治太史公百三十篇，卓有心得，余心識之」。

但對於「私淑孫氏」「盡讀玉海樓藏書」之說，卻曾遭非議。一九二六年十月十七日，有讀者投書《甌海公報》，就此鄙視李笠沽名釣譽，並說詆毀李笠結交當時的教育總長章士釗才得大學教習之位。張宋廎和錦湖老漁（據考此人為與李笠並稱「瑞安十大才子」之一的宋慈抱）聞訊先後投入辯論。張宋廎力挺李笠：「李固捧孫，在於闡述其學說，實非援孫以揚己，至於外人誤會，以李為孫之弟子，或以其崇孫之故。吾曾見李作〈籀廎學會宣言書〉，有『學不傳弟子』之語，是尤足證李無對人自稱為孫氏弟子之鐵證也。」一九二四年，李笠與周予同、宋慈抱、李孟楚、伍叔儻、梅冷生等二十人發起籀廎學會，倡議整理籀廎遺著、設立籀廎圖書館。錦湖老漁贊同張宋廎的說法，卻又透露自己撰〈書籀廎遺文

後〉曾引起李笠的不滿，借錦湖老漁之口說：「〈書籀廎遺文後〉以討論學術之善意，與彼忠告，何雁晴於他人之是者苛加備責，於一己之非者曲為回護，其心術邪正可知，其言論是非，豈足辯哉！」

其實，一九二四年底李笠受聘廣東大學中文系教授是由易培基、陳鍾凡推薦。當時，李笠〈墨辨止義辨〉、〈國學用書概要〉等論文刊載於《東方雜誌》後，受到了學界關注。一九二五年暑假後，李笠轉任于中州大學。一九二八年，又流轉於廈門大學。張秀明即是李笠此時的學生。李笠授以《漢書·藝文志》，張秀明由此發生對目錄版本學的興趣。一九三〇年，李笠赴武漢大學任教，與朱東潤同事。《朱東潤自傳》中提及伍叔儻、朱維之、夏承燾、王季思等多位溫州人，對李笠的印象最好。他說，李笠「自學出身，長於目錄、校勘這套學問。對於我的幫助很大。我為了準備中國文學批評史的講稿，首先要搞資料。因此不斷地向任慧忱、李雁晴這兩位請教。任先生主要是搞版本的，李先生卻更注重實用，因此對我的幫助更大。雁晴說『只要是必需的，無論書價多貴，就得買下。要是版本沒有特別價值，那麼鉛印本、石印本都不妨收進。』我的餘款有限，所以就跟著雁晴走。」那時候，武漢大學教師常在武昌舊書店走動的，第一是任慧忱，第二是李笠，第三是陳登恪，第四是朱東潤。朱東潤視李笠為「益友」，保持了終身友誼。四十年代中期，伍叔儻推薦朱東潤出任山東大學中文系主任，朱東潤曾邀請李笠同往。朱東潤五十年代後期出任復旦大學中文系主任，把李笠從南開大學調來以充實語言教研組力量。

李笠一生先後流轉於十多所大學，多因戰火。武漢大學任教兩年之後，又到了之江大學。一九三三年秋，返中山大學。抗戰爆發，隨校遷徙，一路顛簸，不離不棄。但生活艱苦，導致胃疾，醫囑擇地療養。於是，一九四一年秋，轉任廈門大學教授。次年

秋，又為中山大學所請。中間避兵禍，曾短暫在龍泉浙江大學、溫州英士大學、瑞安中學任教。一九四五年，李笠重新到中山大學。一九四七年，兼任上海暨南大學教授。之後，任中央大學教授。江南大學創辦，錢穆邀請他兼任中文系主任。一九四九年後，江南大學改制，仍在中央大學。一九五二年，到南開大學。在津五年，再到復旦大學。在這樣一個動亂年代，一位知識份子的生活可謂不易。

女兒李繼芳回憶，她的父親對中山大學感情最深，原可長期任教中大，卻經常另擇院校，除了客觀原因外，「一是愛好山川古跡，奉行真知博聞來自『行萬里路，讀萬卷書』之信條，所以對未曾去過之地皆甚嚮往，尤其是一些歷史及風景名城；二是求購流落在外的舊書古籍，每到一地，總是足跡遍及各書攤、書肆。有價值的碑帖及古書文物是在開封中州大學任教時搜購所得。而應武漢大學之聘，主要原因是當時著名藏書家孫行可也在該校，後來果然通過他買到不少珍貴書籍。就是在戰爭烽火漫天的歲月裡，從廣東、廣西、越南、雲南，又輾轉貴州、湖南、江西、福建等地，在流離顛沛中也沒有忘掉購書的愛好」。

李笠真十足書癡。陳鍾凡曾作《李雁晴君小傳》，羅列李笠治目錄、校勘、群經、諸子、乙部等諸多學術成就，卻未提他是一位藏書大家。瑞安城內流行一句：「東郭有玉海之樓，西門有橫經之室。」「橫經室」即是李笠藏書樓，藏書之豐媲美玉海樓，可見用力之深。李繼芳依然記得：「父親每次假期返里，總是箱箱櫃櫃，車運船載，家人忙亂，鄰人駐足，其實內無長物，只有書籍。每逢夏日，則是曬書、補書、序書，翻櫥倒櫃，大動干戈，家人全部出動，親友也來支援，為時大概半個月左右」。

橫經室築於一九二七年，一九三五年加建，西式主樓三間二層，樓上四室用於藏書，總量計五六萬冊，另有一間藏書畫古玩。

這些藏書逃過了抗戰時期敵機的轟炸，卻躲不開五十年代的那一場場運動。溫州淪陷，李笠不惜財力將藏書轉移至鄉下，幸未獲損。但僅一九五六年一年，散佚七千餘冊。第二年，所餘藏書一部分送至玉海樓保管，一部分被當作了廢紙。

李笠一生教書、藏書、愛書、讀書，與書結緣，對讀書深有心得，所著《三訂國學用書撰要》倍受推崇。其中談到讀書方法，摘一二共用：「讀書欲成名家，最忌讀節本、刪本書籍。明代士大夫，最好節刪古籍，所以其時學術亦萎靡不振；清代樸學所以大放異彩者，全從煩瑣中得來也。蓋盡無重輕，有用則沙礫盡為至寶。人之性情，各有所近，程才分工，斷難一律；雖有通碩，難預定也。且群經為前哲所重。即其無用者，其名物訓詁，亦可作讀古書之南針。讀《禮記》者，繼極畏其煩瑣，亦宜先行遍讀，然後視其興趣所近，目的所在者，而采擇之。採擇之法，須就原書標識，非徒全篇，即散句亦宜留意。此讀書之法，不獨《禮記》然也。」「文學之書，不必盡讀。性情所近，甲乙互異；興會所在，父子不傳。或本無意讀詩文，偶睹篇目，遂愜意而朗誦。故亦不能預為刪節，以強人所不好。《古文關鍵》《六朝文絜》等書，雖極簡約，卻非深嗜詞章者所願讀也。故文學書不懼冊子繁多，只懼書本之簡陋耳。如《古文觀止》《古文釋義》等制義式的文學書，雖卷帙厚薄得當，亦復何用？梁氏政治史類《文獻通考》，目下注云：『各人宜因其所嗜，擇類讀之。』讀文學書，獨不可擇類讀之乎？或擇人，或擇篇，亦視讀者所嗜耳。」聽智者一席話，勝讀十年書。遺憾的是，我等再無此榮幸了。

繆氏兄弟

「**我**的大哥有寫作狂。」在弟弟繆天華筆下，繆天瑞是一位很喜愛寫作的人，甚至有點癡迷和偏執。

繆氏是瑞安望族。繆氏兄弟的祖父繆壽樞是位開明鄉紳，與孫衣言、孫鏘鳴多有交往。他樂善好施，修橋築路辦學，頗有口碑。清末民初，瑞安這個小地方很跟得上時代潮流，許多人到海外留學。繆壽樞也把兩個兒子送去日本學醫。到他的孫一代，出了好幾個在國內有影響的人物。繆天榮乃醫界眼科權威，繆天成是中國硫酸工業的代表人物，繆天瑞系音樂理論泰斗，繆天華長於文學創作。

天瑞天華兄弟幼年喪父，祖父和叔父在他們幼年教育中起了重要作用。祖父愛好音樂，喜吹洞簫，曾組織業餘樂手在家合奏絲竹，這或多或少對少年繆天瑞產生了影響。小學時，又碰到一位很好的音樂老師，更起了啟蒙作用。給梅蘭芳拉琴的鄭劍西教過他京胡，還送了一把琴。所以，當叔父問他，將來要考哪個大學，喜歡哪一個科？他回答：要學音樂，報考藝術大學。

中學畢業後，繆天瑞如願考到上海藝術師範大學音樂科，師從吳夢非、豐子愷等，主修鋼琴。也就是從那時候起，繆天瑞一有空就趴在書桌前，開始翻譯音樂理論作品了。有一天，繆天華問哥哥：「大哥，我看你整天都伏在案頭寫著，寫著，你准知道將來會有哪家書

繆天瑞贈簽名本《對位法》

店肯把這些都印出來嗎？繆天瑞說：
「只要我的翻譯能做到正確，文字流
利，我想總有書店願意出版的呀。」
一九二九年，他翻譯的第一部作品
《鋼琴彈奏的基本方法》出版。

　　一九二六年，大學畢業的繆天
瑞回鄉當了一名音樂教員。後與同
學創辦溫州藝術學院。但只一年，
因債務問題，溫州藝術學院便停辦
了。而後，他輾轉上海、武昌、南
昌、溫州、重慶等地從事音樂教學。
一九四三年，應國立福建音樂專科學
校之邀，任該校教務主任並教授和
聲、對位、曲式等課程。因為缺乏
教材，繆天瑞把美國該丘斯作品逐
一翻譯出來應教學之需。這些作品
一九四九年前後陸續由萬葉書店出版
發行。萬葉書店是由繆天瑞的好友錢
君匋等人創辦，主要出版藝術類圖
書，特別是以出版音樂類書籍聞名。
現在，舊書店裏最常見繆的譯作老版
本就是萬葉版的。

　　繆天華畢業於中國公學，在哥哥
的影響下，亦從事教育工作，並走上
了文藝創作之路。繆天瑞在江西推
行音樂教育會委員會任職的時候，
怕弟弟在家懶散，便拉他到南昌一

起工作。之後，在國立福建音樂專科學校共事，繆天華教中國文學課程。

解放前夕，呂驥請示周揚，請在臺灣的繆天瑞、馬思聰等回大陸服務。但繆天華卻陰差陽錯去了臺灣。從此，兄弟倆隔海相望，失去了聯繫。直到一九八六年秋，繆天華通過繆天瑞在日本留學的孫女與哥哥有了書信往來。一九九二年，闊別四十多年的繆氏兄弟重逢於北京。

繆天瑞一生著譯編輯的書刊有三十多種，稱得上著作等身。九十多歲高齡，依然筆耕不輟。音樂理論學者張振濤評價說，繆先生的名字首先是與「律學」永遠聯繫在一起的。其次，他主編的《中國音樂詞典》、《音樂百科詞典》，改變了二十世紀中國人無處查找音樂術語概念，特別是中國音樂知識的狀況，使人們渴望擁有自己國家音樂詞典的夢想成為現實，是中國音樂界第一批權威工具書。他翻譯的該丘斯系列作品，為中國作曲技術理論的逐步成熟和廣泛傳播奠定了基礎，影響了幾代學人。

對於我們這些音樂門外漢來講，繆天瑞的作品讀來當然是難啃不易咽了。所以，我只得一部他的成名作之一《對位法》簽贈本便知足了。相反，我從臺灣的舊書店郵購了數部繆天華的散文集。繆天華的文章大多屬抒情、懷人之類，我得幾部中以為《桑樹下》最能打動讀者。是書記錄了他「耳聞眼見」的文壇逸事，《粉筆灰》記沈從文、梁實秋、郁達夫、趙景深、李叔同、趙元任等名教授的板書情形；《吳淞江畔》寫了馬君武、胡適、施蟄存、鄭振鐸、陸侃如、李青崖；《林語堂的中文程度》反駁了一些人對林語堂中文程度不過如此的質疑；《魯迅作品虛與實》，從魯迅作品中尋找周氏兄弟的點滴……行文自然淳樸，清淡中別有風味。

網上有一本繆天瑞簽名送給李元慶的《律學》，我以為比較珍貴。一是《律學》是奠定繆天瑞在音樂界地位的著作。二是繆氏兄

弟與李元慶的關係非同尋常。繆天瑞在江西音教會時，與李元慶同在管弦樂隊。解放後，繆天瑞與李元慶、楊蔭瀏一道為中央音樂學院、中央音樂研究所的創辦發展嘔心瀝血，同甘共苦。而繆天華在音教會，與李元慶最相契。他把一些英文歌曲翻譯成中文，讓李元慶譜曲，並陸續在《音樂教育》上刊登。繆天華用的是「天華」的筆名，很多人還以為是劉天華的大作呢。一次，繆天華在課堂上指著舊雜誌上的一首《小夜曲》說：「這是我翻譯的。」一個女生笑著說：「老師，別吹牛，這是劉天華譯的呀。」這讓繆天華得意了許久。

我想，如果哪位書友得到這本簽名本，又知道這段軼事，一定會更為寶之的。

蘇淵雷與《缽水文約》

二〇〇八年七月，我在網上一家東北書店看到新上了一本蘇淵雷的《缽水文約》，書中有多處原藏者批改刪塗之跡，因蘇淵雷先生曾於上世紀五六十年代在黑龍江生活，店主疑是作者親筆，故而定了比普通書略高的售價。《缽水文約》是蘇淵雷先生的自編文集，收錄文章二十六篇，分三卷，寫作時間最早的一篇是一九二六年的〈雁蕩山遊記〉，最晚的一篇是一九四七年的〈家母六十壽啟〉，由自辦的出版社缽水齋於民國三十六年八月初版。是書較少見，而我又只藏有蘇著《宋平子評傳》及其編輯的《學思文粹》，便毫不遲疑買了下來。

收到書一看，發現原藏者批改刪塗有二百三十來處，均為毛筆所寫，或改寫，或注明整段刪除，或勘誤，或修改標點，或調整詞序，涉及〈文化綜合論〉、〈論哲學之戰鬥性與實踐性〉、〈與張季同書〉、〈詩與唯物論之合抱〉、〈廣聖哲畫象記〉、〈宋平子先生之生平與思想〉、〈論我國學術發展之新途徑〉、〈聽鵑集序〉等七篇文章。其中修訂最多的是首篇〈文化綜合論〉，有一百六十多處；其次為〈宋平子先生之生平與思想〉，有二十多處；〈論哲學之戰鬥性與實踐性〉、〈詩與唯物論之合抱〉、〈聽鵑集序〉，有十多處；餘三篇只一處。

所改基本上是為了與解放後的提法相適，如〈文化綜合論〉一文幾處，「在歷史上採得好花釀成好蜜的，頗不乏先例。個人的代表，近代，孫中山先生足當其選。」改為「個人的代表，馬克思足當其選。」「胡適失卻有機的綜合的精神」改為「胡適已開始從革命陣營後退，失卻有機的綜合和革新精神。」

又如〈論哲學之戰鬥性與實踐性〉一文中，「唯實」一詞全部改為「唯物」。

再如〈聽鵑集序〉，「設硯北碚」改「移硯北碚」，「客裏春殘，仲言思苦」改「酒市春殘，相如蹤渺」，「未壓歸篷」改為「未壓歸裝」，「劍北雲巒」改為「渭北雲巒」，「束裝西上」改「策楚西上」，「每惹幽情」改為「長惹幽思」，「吊古今之戰壘」改為「吊嬴劉之故壘」

如此種種，確非一般讀者能為。難道這真是蘇淵雷先生的親筆修訂？

二○○八年十一月十八日，我受邀參加蘇淵雷學術研討會。心想或許參加會議的專家能幫我解開這個疑團，便帶著這本書去了。

會上與我相鄰而坐的是華東師範大學出版社的季聰。他畢業于華東師範大學歷史系，是蘇淵雷先生晚年弟子。他拿著這本《缽水文約》，仔細端詳了一番，興奮地說：「這是老師的字，老師寫的小字就是這樣的。」還讓與會的蘇淵雷先生的女兒、孫子過來看。

《缽水文約》扉頁印有一首作者書寫的自題詩：「秦灰拔後意難斷，血淚成書亦可珍。獨愧定文侯雪苑，寒燈一夕付刊人。」落款：「丁亥仲夏，缽水自勉。」並鈐有一枚蘇淵雷篆字陰文方印。季聰說，這枚印原無，非印刷，為後鈐。「此印是方介堪先生所治，我見時已缺一角。」原來如此。這書我翻閱多次卻一直未留意此印為後鈐。這應是一個重要的佐證。

我當即拿出會議贈送的《蘇淵雷全集》核對，果然這本《缽水文約》所修改的與現出版印行的全集大多吻合。當然也有幾處，作者後來再做了修改。如〈聽鵑集序〉中，「束裝西上」全集印為「脂車西上」，「每惹幽情」全集印為「長繫幽思」。如〈詩與唯物論之合抱〉中，「他們有血有力，工作是永遠的喜悅。」原已改為「他們樂觀向上，工作是永遠的喜悅。」全集恢復為「有血有力」。

一九五八年四月，年過半百的蘇淵雷未能躲過那場運動，被錯劃為右派。八月，奉命調往哈爾濱師範學院歷史系。離滬前夕，蘇淵雷作詩酬答詩友：「一春苦雨積苔階，剩有騷心起病骸。萍聚十年輕遠別，天高雙鳥忽相乖。奇情早許玉川子，浩氣同傾雪浪齋。不盡斯文風雨感，憑君秀句發清佳。」詩句浪漫。但蘇淵雷未能預料此後政治形勢急轉直下。直至一九七一年，蘇淵雷才被允從插隊點退休回原籍平陽。一九七九年，復職華東師範大學。這本《缽水文約》應是在那段非常歲月所修訂、所散佚。

蘇淵雷先生是個樂天派，生平吃煙嗜酒，有「李白斗酒詩百篇」之遺風，常說：「三杯通大道」。儘管流落北地十多年，倍受煎熬，依然堅持創作，修訂舊稿。五六十年代所撰「吾生已慣波三折，放眼乾坤日月長」「收拾名心歸浩渺，他時一笑挹靈芸」等句頗可見其性情。

二〇〇八年是蘇淵雷先生百年誕辰。故我請季聰為這本《缽水文約》題跋留念，他很動情：「天南地北，百歲之時獲歸故里，大緣也。」蘇淵雷先生仲子蘇春生教授亦記：「實屬難得。」

而我手捧這本《缽水文約》修訂本，除了讚歎大家之所以為大家的嚴謹勤奮之處，又不禁感慨中國一代知識份子在歷史潮流面前為人為文之難。蘇淵雷先生固然是熱愛革命、追求真理的，但這種修訂何嘗沒有迫於形勢之嫌呢。

洪煥椿與孫詒讓遺著

中國歷代私家藏書的命運，大抵難逃水火之災、戰亂兵燹、政治禁毀、子孫不肖之途，能保留下來寥寥無幾。稍好點的算是捐獻歸公，讓更多的人利用。這也不失為私家藏書的另一種圓滿。

瑞安玉海樓自不例外。一九四七年後，孫氏後人分批將孫衣言、孫詒讓藏書的大部分捐獻給浙江大學圖書館、溫州市圖書館、浙江省圖書館、北京圖書館。此舉與孫衣言在《玉海樓藏書記》中所展示的大度也相一致：「鄉里後生，有讀書之才，讀書之志，而能無謬我約，皆可以就我廬，讀我書。天下之寶，我固不欲為一家之儲也。」

玉海樓藏書中的手稿本和手校本，大多歸浙江大學圖書館收藏。上世紀五十年代中期起，該校雪克教授對此進行移錄與整理。八十年代，由齊魯書社陸續出版。但目前所見，最早開始整理的是孫詒讓的外孫洪煥椿。

我曾偶得一本浙江學報第一卷第一期單行本《四庫全書簡明目錄箋逐》，一九四七年刊行，是洪煥椿將孫詒讓所藏《四庫全書簡明目錄》上朱墨標注整理而成。卷末有整理者言：「瑞安孫氏玉海樓藏先外王父籀廎徵君手校鈔本四庫全書簡明目錄二十卷，十冊。首冊首葉鈐有『逐學齋考藏圖籍』朱文方印，第三葉目錄行下，有朱筆『仁和邵懿辰校注』七字，系先外王父所手加。卷一首

葉，鈐有『仲頌』及『瑞安孫仲客（容）斠讀四部群書之印』大小
兩朱文方印。冊中各目之眉端，先外王父詳加箋注，蠅頭細字，朱
墨紛然。各卷尾間，綴短跋數則，為二十四五歲之筆；而眉上則又
（有）蕭敬孚、譚仲修、王子常、楊定夫諸家識記，第十冊末葉有
『中容』二字小方印，亦朱文也。案此書已有邵氏家刻本，署『四
庫簡明目錄標注』蓋據山陰胡氏所棄別帙，校勘其家藏稿，而『標
注』二字，係付刊時所追加者。煥椿曩曾取邵刻與玉海樓本對讀，
頗有足以互資補充之處，而刻本中所見某氏條注，實多先外王父校
語。邵氏既嘗從玉海樓本傳錄，而未記係何人筆，刻時又未取玉海
樓本複勘，故遂不能不闕疑耳。今邵刻風行已久，而此校本世尚罕
見，今為輯錄，或可供留心斯學者之參考也。民國三十六年九月，
外孫洪煥椿謹識於杭州西湖浙江通志館。」

　　瑞安俞海新著《孫詒讓傳論》，附錄有〈孫詒讓著作及主要
版本〉及〈百年來孫詒讓研究之回顧〉、〈孫詒讓研究論文分類輯
目〉，未見舉此單行本。我所藏為簽贈本，上題：「亞新先生惠
存，弟洪煥椿敬贈，三十七，三。」並蓋有朱文印。亞新先生姓
錢，專於圖書館學及目錄學。書上有獲贈者印章三枚，分別鈐於卷
首和卷末。洪煥椿的毛筆小字和錢亞新的藏印，看起來都很雅致。

孫詒讓育有九子二女，長女早殤，次女名瑜，適瑞安洪錦波。一九二〇年夏，洪煥椿出生時，孫詒讓已離世十二年。提攜洪煥椿在學術道路上成長的，乃其舅父孫延釗。但毫無疑問，外祖父孫詒讓給了他深遠的影響。

洪煥椿在瑞安念完小學和初中，孫延釗便把洪煥椿帶到溫州，讓他改在溫州中學讀書，那時候，孫延釗正擔任籀園圖書館館長。這個圖書館是為紀念孫詒讓而創辦的。洪煥椿經常到圖書館，讀教科書以外的書籍，並在孫延釗的啟發下，對文史產生了濃厚興趣。高中畢業後，洪煥椿非常想到大學深造。無奈，戰火阻斷了他的求學路。杭州的浙江大學已內遷，家人又不願他單身到內地讀書。剛巧，孫延釗被聘為浙江省立圖書館館長。就又把他帶在身邊，讓他一邊工作，一邊讀書，等待機會，再進大學。

洪煥椿在浙江圖書館工作了四年，從普通館員升至研究輔導部主任。他後來回憶道：「兩腳踏進了圖書館的門檻，我被包圍在書城之

孫詒讓

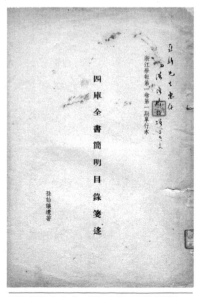

洪煥椿簽名本《四庫全書簡明目錄箋迻》

中。我想：能在書的海洋裏馳騁，這是多麼的幸運呀。在舅父的指點下，我嘗到了讀書的無窮樂趣。我自問：難道大學裏還有比這裏更為自由自在地飽嚐讀書之樂嗎？」

這期間，洪煥椿撰寫了數篇讀書心得，發表在顧頡剛、趙萬里等人主編的報刊上，並取薛鍾斗、宋慈抱、朱芳圃三人所編孫詒讓年譜，修訂成《孫籀公年譜三編合校錄》。一九四四年，開明書店還出版了一部他的《怎麼利用圖書館》一書。此書很是暢銷，印了一萬多冊。

一九四六年，孫延釗受聘任浙江通志館總纂，洪煥椿被聘為分纂。時任通志館館長余紹宋，是著名方志學家、畫家，對洪煥椿時有指點。且在通志館工作的大多是年長的學者，這使洪煥椿有了很多學習的機會。他後來說，在浙江圖書館工作的四年多，等於補了四年的大學文科；在浙江通志館的三年，實際上是當了三年文科研究生。此時，洪煥椿學識大長，《杭州地理掌故著述考》、《孫詒讓先生的生平及學術貢獻》、《明清浙江之三大書院》等論文頗見才華，並為他後來完成《浙江地方誌考錄》奠定了扎實基礎。是書後來經修訂為《浙江方志考》，係洪煥椿的代表作。

洪煥椿整理外祖父的遺著、完成《孫籀公年譜三編合校錄》、作《孫詒讓先生的生平及學術貢獻》等論文；一九八二年又編寫《浙江文獻叢考》一書，以紀念其外祖父生平整理地方文獻所付出的辛勤勞動。這些都足以印證前述孫詒讓給予洪煥椿的影響。洪氏的學術地位自然不能與其外祖相等論，但他在明清史，特別在方志學方面所取得的成就，也頗值一提。

唐湜與《意度集》

在「九葉派」詩人中,不乏多面手。有以書籍裝幀聞名的曹辛之,有以翻譯和西方現代文學研究知名的袁可嘉,唐湜先生則以文學評論見長。北京大學溫儒敏教授在《中國現代文學批評史》中,將唐湜與王國維、李健吾、馮雪峰、胡風、朱光潛、李長之等人並論。

一九五〇年三月平原社出版的《意度集》是唐湜先生的第一本評論集,我在孔夫子舊書網香港神州舊書店處拍賣而得。其封面設計簡單之極,白紙上書「意度集」及「唐湜」,是作者手跡,「唐湜」處蓋「平原社」篆字朱文印章。書扉則印著幾行傷感的字:「紀念我的弟弟唐文榮(王平)。抗戰初期,他離家到陝北去學習,抗戰勝利時,他曾從湖北宣化店來信,以後就沒有了消息。」

此書編選之初,本有十二篇文章。朋友將之交森林出版社出版,但此事並未成,反而散失了《駱賓基的〈混沌〉》、《劉北汜的〈山谷〉》、《何其芳與惠特曼》三篇文章。平原社出版的時候,刪去了《佩弦先生的〈新詩雜話〉》,增收了《鄭敏的靜夜裏的祈禱》、《莫洛生命樹上的果實》,連《沉思者馮至》、《辛笛的〈手掌集〉》、《搏求者穆旦》、《嚴肅的星辰們》、《路翎與他的〈求愛〉》、《陳敬容的〈星雨集〉》、《虔誠的納蕤思汪曾祺》、《衣修伍德的〈紫羅蘭姑娘〉》等,最終共十篇文章。

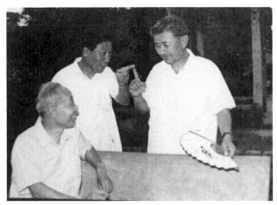

唐湜（右一）與溫州文友在一起

唐湜先生在《意度集》「前記」說起了自己怎樣寫起這一類
文章——一九四五年夏天，他依照那時學校一般同學的習慣，拿了
一本《阿左林小集》躺在小溪邊念起來，不由沉醉其中。天色漸
暗，溪水潺潺，彷彿映襯出了「藍色的地中海灣、金點子似的西班
牙果園、卡蕾利亞的夢幻似的眼睛」。靈感之神降臨，他馬上回去
在桐油燈的煙霧裏寫下了《阿左林的書》，其文美得「彷彿也可以
放在阿左林的集子裏去」。於是，就「想用散文小品代替大塊的論
文」。他認為，「一篇批評文章本身就應該是一副好畫，一篇好散
文，或一篇有蓬勃的力量的搏鬥的心理戲劇。只要它是真摯的，
切實的，也就總是一致的，完整的，獨自兀立著的，恰如一座山
（它的崇高），一片水（它的淵深），或一片陽光（它的閃爍的渾
樸）。」

「前記」表達了唐湜的新文學批評觀。他說：「我那時企慕
著劉西渭先生的翩然風度，胡風先生的沉雄氣魄與錢鍾書先生的修
養，但我更企望在他們之間有一次渾然的合流。」

詩人以「幻美」之筆書寫了中國現代文學批評史的新篇章。錢
鍾書先生贊《意度集》是「繼李健吾的《咀華集》而起，且青出於
藍」。

唐湜夫婦

　　此後，唐湜先生雖然歷盡人生磨難，但他始終未放棄詩歌創作和文學批評。一九九〇年九月，生活·讀書·新知三聯書店出版了《新意度集》。《新意度集》包括了《意度集》裏文章，和他八十年代創作的詩論。一九九八年九月，山東友誼出版社出版了《新意度集》的續篇《翠羽集》。

　　唐湜先生一九二〇年生於溫州，二〇〇五年一月二十八日離開人世。他去世前的二〇〇三年十一月，在溫州師範學院舉辦過「廿一世紀中國現代詩第二屆研討會暨唐湜詩歌座談會」。我也曾到會場聆聽，並到他家翻拍了一組他的老照片，發在我編輯的雜誌上。他的家在溫州花柳塘一幢舊樓裏。在這個紛繁的小城市裏，人們早已忘記這裏還住著一位文壇老人。他家房間裏陳設簡陋，書架上零亂堆積的書都蒙上厚厚了灰塵。之前，他腿腳還靈便的時候，偶有到晚報社走動，但我們並沒有多說過幾句話，大概就是禮貌性質的問候。在我的印象中，晚年的唐湜先生，就像老頑童，樂呵呵地。

　　我的老同事程紹國出版了一部《林斤瀾說》，裏面說到唐湜先生，這是我見到的對唐湜先生最生動的描述，讓人讀出了笑與淚：

> 有回，他和姜嘉鑣教授一起吃湯麵，姜教授吃了一半就放下筷子。唐湜先生就問他：「你不吃了？」答：「不吃了」。唐湜先生就把他的半碗端了去，呼呼倒下肚去。

唐湜先生80歲生日時，溫州晚報文化部的同仁在酒店擺了四桌酒，為他祝壽。「他一過來就吃，好像這個活動與他沒有關係，最後沒有一人打包的，就他打走一個包，卻是兩段排骨。」

唐湜很少大嚷。一回做膀胱息肉剔除手術，手術管子從陰莖深入，直達病灶。可能大痛，唐湜大叫：法西斯！法西斯！

程紹國在他的文章裏還說，唐湜先生怎麼被打成右派，以至後來飽經風霜。那是因為「唐湜毫無世故，一點不懂中國的政治，他的右派的帽子是自己找來戴在頭上的」。「唐湜簡直是個小孩。他非常單純，非常天真，他的手上沒有一個處世哲學的本子。世事洞明，人情練達，他不知道；溫良恭儉讓，他好像沒有聽説過。他的一生，像是葛朗台的臨終，腦中無它，只有金子，而唐湜呢，只有藝術和寫作。」我以為這是很中肯的評論。

莫洛與《隕落的星辰》

一九四三年春，剛出獄的莫洛先生住在溫州市區朱彭巷老屋裏。日子雖然過得很清苦，但此時的他似乎比任何時候都堅強。一天，大雨伴著雷聲咆哮而至，他看到一隻八哥不畏風雨，仍激情歌唱。他充滿著興奮，對妻子說，「這不為大雷雨所懾服的鳥兒的歌聲，正如人類勇敢的歌聲一樣，有什麼暴力，有什麼可怕的暴力能壓倒它呢！」並有感而發，寫下了著名的《斑歌鳥》。

不久以後，莫洛先生單身來到麗水碧湖趙村、龍泉山區為《浙江日報》編輯文藝副刊，直到一九四六年。

那段時間，他寫著柔情似水的《戀歌》，享受著《寂寞》，給遠方的孩子講述《爸爸的故事》。

因為工作之便，他可以翻閱到大量的報刊，就作了一些文史資料整理。他發現，為數不少的作家和文化人士死於國難。他覺得把這些人的生平事蹟公佈於眾，是非常有意義的，便決定專題搜集。

這項工作歷時三年半，搜集範圍也延伸至內戰時期，有關文藝作家部分曾題為《呈現了血和生命的作家們》發表在鄭振鐸和李健吾主編的《文藝復興·中國文學研究號（上冊）》上，並在沈寂主編的《春秋》上連載，五次易稿，終結集為《隕落的星辰》於一九四九年一月由上海人間書屋出版。

莫洛在書房

　　莫洛先生至今已出版十餘種著作，《隕落的星辰》是其中唯一的文藝傳記集，未曾再版。倪墨炎的《現代文壇偶拾》和欽鴻的《文海鉤沉》兩書高度評價了此書在現代文學史上的特殊意義。當然，莫洛先生的主要成就在散文詩創作上。近二十多年來，莫洛先生的散文詩越來越受到文學史家和評論家的重視，荷蘭、香港、臺灣的幾部「中國新詩選」都收錄了他的作品，唐湜、駱寒超等人研究過他散文詩創作的特色，書話大家薑德明兩次來溫都專門拜訪過他。

　　《隕落的星辰》共搜集整理了一百三十六位在十二年（一九三七─一九四八）裏死難作家、翻譯家、戲劇家、音樂家、記者、哲學家、自然科學家的簡況。「八年艱苦的抗戰，以及接著而來的三年內戰」，「中國的文化工作者們，是在怎樣的一種情況下工作著，鬥爭著和生活著，而且是怎樣捧出了自己的血和生命，獻給我們的文化，祖國和人民？」《隕落的星辰》「題記」闡明「這是一張用血和淚繕就的帳單」。其中有我們熟悉的朱自清、郁達夫、李公僕、韜奮等人，也有鮮為人知的張似旭、馮國華、項荒途等人。這些死難的文化工作者，有的是與敵人作正面鬥爭犧牲的，有的是堅持崇高品質默默無聞死去的。後者雖然死得並不是那麼轟轟烈烈，但同

樣為我們祖國的獨立事業付出了自己的血和淚，我覺得這正是《隕落的星辰》一書展示的寬廣的胸懷和大寫的人文精神。

我手上的這本《隕落的星辰》原為上海圖書館藏書，近從孔夫子舊書網一書商處拍賣而得。二〇〇六年九月二十八日晚，在老同事、莫洛先生孫女馬伊的引見下，我與妻子攜書拜訪了莫洛先生。

莫洛先生已九十高齡，但看起來很精神，兩個月前還創作了一首散文詩〈黎明，在天安門廣場上〉發表在二〇〇六年第三期《散文詩世界》雜誌上。只是耳朵有點背了，和他説話要很大聲。他的書房裏掛著一副鄭超麟先生複製相贈的對聯：「行無愧怍心常坦，身處艱難氣若虹」。這是陳獨秀寫給前去獄中探望他的劉海粟的對聯。書桌上，還擺著一隻小玻璃魚缸。他的老伴告訴我們，鄰居家養的熱帶魚生了十幾頭小魚，她便要了過來，讓莫洛先生沒事了逗著玩。有時候，莫洛先生看著魚，會開心地笑幾聲，然後説：「真好玩。」

莫洛先生是熱愛生活的人。人活到這把年紀，更是把什麼事情都看得開了。我記得他在《回憶・愛情・散文詩》一文裏説過：「一個人活了八十多歲，應該知道做人的尊嚴和價值。……人能做到正直，人的內心能充滿愛，那麼人也就保有尊嚴和價值了。」

那天晚上，莫洛先生興致勃勃地為我們講了一些《隕落的星辰》的事。我請他在書上寫句話，他沉思片刻，欣然寫下：「此書我自己保存甚少，韶毅同志今從網上購得，我也甚為高興，特題幾字以留紀念。」

《小小十年》之後的葉永蓁

一九二九年五月三日，魯迅日記首次出現葉永蓁的名字：「寄還陳瑛及葉永蓁稿並復信。」此稿即是小說《小小十年》。此後短短兩月，魯迅先生為校改書稿、介紹出版、作〈小引〉，頻頻與葉永蓁來往。《小小十年》由春潮書局出版後，作者即給魯迅先生送了一本樣書，上題：「魯迅先生：這小小十年給您作我認識您時小小的禮物。後學葉永蓁謹贈，一九二九‧九‧五。」此書至今還保存在北京魯迅博物館。

葉永蓁原名葉蓁，乳名崇餘，號會西，又字劍榆，一九〇八年出生於浙江樂清高嶴。葉永蓁二十歲之前的經歷，讀《小小十年》這本自傳體小說，大致可知。他十二歲時父親亡故，為了減輕家庭負擔，母親迫於伯叔間的壓力，打算讓其休學。後在祖父的支持下，從樂清第三高等小學轉學到省立第十師範學校附小，得以繼續學業。一九二六

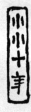

作 葉永蓁

上海春潮書局發行

《小小十年》

年，葉永蓁從省立第十中學畢業後，其母為他定了一門親事，但他另有所愛，故憤而遠赴廣州。原想報考中山大學，可考期未到，又為北伐革命浪潮所動，便投筆從戎，讀了黃埔軍校。畢業後即入伍，從軍北伐。大革命失敗後，他倍感失望，覺得受了革命領袖欺騙，故而脫離隊伍，來到上海。

在上海，葉永蓁曾在亞士培路濱海中學任教，與黃埔軍校第六期學生、原國民黨第三軍第八師編遣軍人符號一起住在上海大學附近的一個小客棧裏。據符號後來撰文回憶：「小客棧一盞電燈高懸在板壁洞中，一點黃光，當然無法寫作，於是我們只好用一個小煤燈在一白木板條桌上寫寫日記什麼的。我們兩人每晚都要到藝術大學去會客，我是去找謝冰瑩，他是去找樓曼文。她們是同學，恰好住在一個寢室。我們兩對，總是在藝大的陽臺，纏綿到午夜，這才回來寫點日記，寫點『作品』。」符號當時在創作軍旅雜記《風沙拾掇》，而葉永蓁則把戀愛經歷寫成小說。每寫成一段就給符號看，徵求意見。初稿完成後，想發表，但無名青年的著作，誰要。葉永蓁說他要去找魯迅先生。結果是，魯迅先生不單是讀了，而且看得很仔細，提出了修改意見，建議他要「側重寫時代，不要側重寫戀愛」。葉永蓁深受啟發，對原滿是親吻、擁抱的舊稿，大刀闊斧進行了修改。

對於這部小說及葉永蓁，魯迅先生是器重的：「他描出了背著傳統，又為世界思潮所激蕩的一部分的青年的心，逐漸寫來，並無遮瞞，也不裝點，雖然間或有若干辯解，而這些辯解，卻又正是脫去了自己的衣裳。至少，將為現在作一面明鏡，為將來留一種記錄，是無疑的罷。」「我極欣幸能紹介這真實的作品於中國，還渴望看見『重上征途』以後之作的新吐的光芒。」

然而，葉永蓁只是曇花一現。儘管此後還有作品發表並結集，但終究沒有如魯迅先生所願，那麼「光芒」四射。

檢索上海圖書館資料庫，一九三一年至一九三七年，葉永蓁發表了〈眼鏡與鬍子〉、〈心境的秋〉等三十一題，刊登於《大陸雜誌》、《現代》、《矛盾月刊》、《慧星》、《文藝月刊》、《朔望半月刊》、《中國革命》、《社會月報》、《人間世》、《國衡》、《內外雜誌》、《革命空軍》、《宇宙風》等報刊。其中部分文章後被收錄在生活書店一九三四年十二月初版的《浮生集》。

此外，孔另境編《現代作家書簡》，收錄有葉永蓁致汪馥泉信三通，其中提到：「近日來夜間正在寫三部劇：一為《血》，寫瀋陽事件；一為《淚》，寫廣州屠殺；一為《潮》，寫中日事件之總出路，擬寫好託交大道劇社排演。」寫信的時候應在一九三一年「九一八」事變後。

一九三二年七月二十七日，《時事新報》副刊刊登了葉永蓁的三首詩。也為上海圖書館檢索結果中所沒有的。其一題為《贈雲——調寄長亭怨》：「說不盡此時情緒，無數愁懷，萬千憂慮，暮暮朝朝，只關心究何去？問人多矣，人都說『不知處』，豈細雨斜風，迷住了天邊雲樹？……」

一九三三年，生活書店重印《小小十年》。葉永蓁寫信給魯迅先生表示感謝，並送去三本樣書。此事記於魯迅日記一九三三年九月二十一日。這也是魯迅日記最後一次出現葉永蓁這個名字了。

這大概就是《小小十年》之後又一個十年，葉永蓁基本創作面貌了。

有人說，一九三四年廣益書店還曾出版葉永蓁的散文集《我的故鄉》，但查國家圖書館、上海圖書館均無藏，《民國時期總書目》、《中國現代文學總書目》也未見著錄，故存疑。

又一個十年，依舊「浮生如夢。」

葉永蓁在《浮生集》後記中寫道：把這十幾篇不成樣的散文合成一集問世，並不是為了怕他們散失了或怎麼了的。而是需要寄一

《浮生集》

《禦寇短評集》

些錢回家。葉永蓁一九二六年離家，中間只回去過一次。他的家已經「墜入於窮困的深淵中去了。」他的母親被一群債主威逼著，覺得再沒有了希望，產生了輕生之念。葉永蓁說自己只是一個賣文為生的人，於是才將過去的文章集為一集。

他說：「我敢於坦白地說出這一個原因，而我也因此愈加原諒這世界中種種樣樣的人。我自己現在雖然在這現世界中還好像在活著，但我的四周，在無形間彷彿有了一道高牆把我隔成為一個孤獨的人了，我的身體雖然和旁人一樣在這人群中跋涉著，可是我的心，卻老是凌空地吊雜我的頭上，世事在我的眼裏經過愈多，而我的感觸，悲哀，也愈加紛擾地在我的心裏佔據著。種種淒涼的，無望的情緒將使我的心都被腐蝕了，我雖然仍有掙扎的意志，但也是好像是徒然的。」

葉永蓁決定重歸兵營。一九三七年二月，葉永蓁在《宇宙風》發表了一篇〈再當丘八〉，以此告別文壇：「索性還是再去當丘八罷，媽的，同他拼一下。」為什麼又當丘八？他說是受了愛因斯坦的啟發。愛因斯坦被

希特勒逐出了德國。有一位比利時青年問他：「你現在對於戰爭有什麼感想？」愛因斯坦回答：「你是一個比利時的青年，應該就來贊助戰爭；否則，你，你們，都將沒有比利時了！非戰主義在現在已經沒有用了，現在你們只有贊助戰爭，贊助戰爭！」

葉永蓁回到了葉會西的生活。葉永蓁的名是拿筆的，而葉會西的名是拿槍的。

葉永蓁如流星般從文壇消失了。熟悉他的人，此後很少有機會能讀到他的文章了。一九三八年，只《文藝月刊》第二卷第五期、第六期，刊登了葉永蓁的〈毫無可感之感：日本鬼子的小氣〉、〈毫無可感之感〉兩文。一九三九年六月上海中學生書局出版的《寫作經驗談》，收錄了葉永蓁的〈寫作上的五條「條例」〉。一九四〇年《中國青年》第三卷第一二合刊，發表有署名葉蓁的〈一個青年眼中所見的漢口〉。一九四七年第三卷第六期、第四卷第一期，《世界兵學》刊登了葉會西〈將帥論〉兩篇，及其所撰《通俗戰爭論》一書的出版訊息。葉永蓁和國民黨要員張沖是少年同學，曾撰《張沖小傳》，應是一九四一年張沖逝世後所為。

而葉永蓁「寫的興趣漸漸蘇醒過來」，那已是一九六九年了。他的老鄉金溟若主編臺灣《大眾日報》副刊，隔幾天就來「逼」他寫文章，不得已，於十一月寫下第一篇「方塊」。一九七〇年六月，金溟若患腸癌作古，另一個老鄉繆天華繼任。早年葉在暨南大學聽課的時候，就已認識在中國公學讀書的繆。所以，繆讓他寫，他又只好寫下去。

這些「方塊」後集為《禦寇短評集》，列臺灣商務印書館「人人文庫」之一，於一九七一年十一月初版。我有幸得一簽贈本，上題：「世麟兄嫂指正，弟葉會西敬贈，六十一年二月十六日。」

此書共收文章八十篇，多時事評論，今日讀來已無多新意，且所持觀點，在我們看來也是有失中允的。只是所作後記，記錄了他

棄筆從軍後的種種經歷，解開了《小小十年》之後的葉永蓁之謎，對於研究者來說是頗有價值的。

葉永蓁説，一九三二、三年前後，上海的文壇被「左聯」攪得一塌糊塗，殷作楨和林適存想辦一個《中國文學》月刊，邀請他共同編輯就參加了。一九三四年秋，他覺得中、日之間的戰爭勢不可免，便謝絕一切文壇上的朋友，在《宇宙風》雜誌上刊出一篇告別式雜文，自己一個人跑到部隊裏去了。先是奉命在皖南、川東與紅軍作戰。抗戰爆發後，其所隸屬的部隊由上海撤退到南京，擔任南京保衛的任務。作戰九日後，向武漢轉移。離南京那晚，過江時掉入江中，被人所救。到浦口時，又險些陷入灘塗。步行至滁縣，集合落伍的人、槍，奔向信陽，半月後才抵武漢。武漢會戰前，轉遷重慶。至纂江，住了三年。又去重慶任職。一九四三年春，被派往前線服務。是年十月，策應常德作戰，攻破荊門以南的山陡鋪日軍據點，親見日寇兩腿在半空上飛，心中大快，稍雪南京敗亡之恥。後參加中原會戰，丹水會戰。日本宣佈投降時，正駐防竹蹊。

葉永蓁的軍旅生涯似乎要比文壇經歷輝煌多了，極富傳奇色彩。馬蹄疾曾寫過一篇〈《小小十年》作者葉永蓁生平始末〉的文章，説他在臺灣《傳記文學》上讀到署名于翔麟的傳記專稿〈葉會西〉，其資料來源是國民黨行政院國軍退除役官兵輔導委員會計畫委員會編印的《生命的光輝》。另外，我查到《中國國民黨名人錄》也刊載有葉的資料。綜合這些材料，可知葉永蓁是國民黨軍隊裏的高級炮兵指揮官。

他黃埔軍校第五期炮科畢業後，入伍於廣州燕塘之炮兵團。一九二七年一月入武漢軍校，七月畢業，初任浙江警備師少尉排長，旋任浙江省防軍，第一路軍連營長參謀。一九三四年冬任國民黨陸軍第八十八師少校參謀，參加過台兒莊戰役，得到過一面紅緞賀幛的獎賞。南京淪陷後，歷任國民黨軍事委員會戰幹一團教育處

第一科科長、軍官教育隊隊長、上校總隊長，國民黨軍政部上校專勤附員等職。一九四三年任國民黨第三十三集團陸軍第五十九軍炮兵團上校團長。抗戰結束後，提升為陸軍第五十九軍少將炮兵指揮官。一九四七年進南京陸軍大學將官特別班受訓。一九四九年九月，解放軍進攻金門受挫，葉永蓁正擔任國民黨陸軍第九軍第一六六師少將師長，為此役主力。一九五〇年擔任金門防衛司令部少將副參謀長，後升至國民黨陸軍第五十四軍副軍長，「國防部」聯合作戰委員會委員。一九六四年十二月退役，任「交通部」電信總局顧問。

葉會西的簽名

《禦寇短評集》一書有〈壽老伴六十誕辰〉一文，可作為葉永蓁軍旅、文壇之外的一面來看。文末還有賀壽詩兩首，並附錄了一九三四年冬所作〈無題〉四律。其一云：「錢祠苑內訪愛卿，堤柳深藏葉底鶯。自作廚娘煮美鯽，專延起士買新醅。倚肩把臂窺秀色，擦耳磨鬢調儷情。頻吻香腮呈暈彩，相看鏡影兩盈盈。」葉永蓁的舊體詩少見。

《禦寇短評集》還有一篇〈郁達夫先生之被殺害〉，我以為也是值得一提的。此文記錄了作者與郁達夫的交往。

他們初識於一九三〇年上海愚園路林語堂寓所而成為忘年之交，時有來往。葉永蓁覺得，郁達夫是一個極善良的長者，可以稱為好好先生，他感情豐富，遇事隨和，只要你有求於他，不管能否做到，他都答應下來。一九三八年，葉永蓁在武昌參加一個集會後散步回家，突聞有人叫他的筆名。回頭一看，見郁達夫從一輛轎車中跳出來，說是被總政治部的陳誠部長邀請來部做事，剛在陳公館吃了午飯出來。那天晚上，葉永蓁夫婦即去郁住處看他，郁的夫人王映霞和孩子都在。郁囑咐葉給戴雨農打一個電話，轉託戴替郁找一幢大一點的房子，戴滿口答應。可房子還沒有找好，葉永蓁卻在報紙上看到郁王婚變啟示。他心知糟了，連忙趕去找郁達夫，未遇。晚上在一間蓮子店碰到，郁讓他到大朝街去請王映霞回來。葉永蓁說：「怕不容易吧，你怎麼說她是下堂妾呢？」郁說：「那是一時氣憤之詞，她對你的印象很好，你替我多說好話。」葉永蓁去見了王映霞，果然王很生氣。她說，他怎麼會說我是下堂妾？決不回去。以後過了幾天，經葉多方勸解，總算講王勸回去了。而後，武漢保衛戰開始，葉永蓁就和郁達夫失去了聯繫。抗戰勝利後，風聞郁達夫在南洋被害，直至讀了劉心皇的文章，才明白郁被害的經過。

　　葉永蓁登上文壇後，交往的文人並不多。初到上海，認識了錢君匋、趙超構等人。據《胡秋原傳》記載，一九三二年十二月，葉永蓁讀了胡秋原《浪費的論爭》後，特地去拜訪胡秋原表示仰慕，並提到，郁達夫也非常欣賞胡秋原的文章，還邀請胡秋原一起到郁達夫家裏，暢談了很久。在《小小十年》後記中，葉永蓁提到了謝冰瑩。據倪墨炎〈《小小十年》及其作者葉永蓁〉一文說，葉永蓁躍上文壇後，是和謝冰瑩等人在一起的。這為魯迅先生所不取，相互見的聯繫也就逐漸疏遠了。一九三一年一月十五日《魯迅日記》記有：「晚三弟來，留之夜飯，並即還其持來葉永蓁稿。」魯迅先生連稿子都不願意留下，想來是有意疏遠。到台後，葉永蓁在《今

日大陸》上讀到了杜衡的一篇文章，即去拜訪。接著晤見了謝冰瑩和胡秋原。他們都曾勸葉永蓁重提起筆來。臺灣淨空法師回憶，一九五三年他初觸佛法，葉永蓁介紹他認識了朱鏡宙。

《禦寇短評集》之後，臺灣華欣文化事業中心於一九七三年十二月為葉永蓁出版了《綠意集》。二〇〇八年暑期，我到香港旅行，曾拜訪藏書家許定銘。說起葉永蓁，他從書架拿出這本《綠意集》給我看。據許定銘的〈葉會西的《綠意集》〉一文介紹，此書收有文章一百篇，其中六十五篇是《禦寇短評集》出版後在報紙專欄所寫的，三十五篇是抗戰前後的舊稿。專欄文章的內容差不多都和一九七〇年前後臺灣社會有關。許定銘說，他喜歡葉會西年輕時候寫的東西。「這些文章記錄了一個受過高級教育的年輕軍官，在槍林彈雨歲月中的思想，比起他三十年後所寫，帶政治色彩的文章更吸引人。」

許定銘還寫過一篇與葉永蓁有關的文章〈兩種版本的《小小十年》〉，說他見過春潮書店版和生活書店版《小小十年》，又藏有一本精裝本初版《浮生集》，書前的空白頁有作者手跡：「師座賜閱，後學葉榛謹呈，廿四年四月廿六日。」此書二〇〇八年七月流于孔夫子舊書網，起拍價九十元，最後以一千六百三十元被一個叫「前羿」書友所得。

而我所藏的《浮生集》是民國二十五年四月的再版平裝本，比初版《浮生集》精裝本當然要遜色些。至於《小小十年》我更不敢奢望得到一本初版了，擁有上海書店一九八五年十一月出版的初版影印本便滿足了。是書為紀念魯迅逝世五十周年所編印的「魯迅作序跋的著作選輯」之一。魯迅先生當年曾為黎錦明、蕭軍、蕭紅、葉紫、葛琴、徐懋庸、陳夢昭等人的作品寫過序跋，寄予希望。但他們中的大多數，後來只是文壇裏的遊兵散勇，並無多少成就。若論文學成就，二蕭最高。而像葉永蓁更是離開了文學圈子。這是

魯迅先生不能預料的。誰又能準確無誤預料另外一個人的人生道路呢？

　　一九七六年十月七日，葉永蓁在臺北病逝，並非所謂死於車禍。

金溟若的「人間味」

《暴勇者》，屠格涅夫著，金溟茗譯，上海北
新書局一九三六年八月付排，九月
出版，首印一千五百本。其實，譯者的名字應為金溟若。封面和版
權頁上竟出現了這麼大的錯誤，北新書局出版質量遠非創辦之初可
見一斑。此書收屠格涅夫短篇小說兩篇，一為《蒲寧與白布林》，
二為《暴勇者》。書前有譯者小序，稱此書選譯自佈施延雄的日譯
本。並說《暴勇者》原題為《兇暴的性格》，日譯本採用了小說主
人公名字作為篇名，《暴勇者》三字，是他取文章的意味而「任意
改的」。

對屠格涅夫，我們並不陌生，正如譯者序說的：「關於屠格涅
夫的人物和作風，我想沒有說話的必要；至
於這兩篇東西如何，也已經由他本身在向讀
者說話，用不著譯者多嘴。」而對譯者金溟
若其人，知道的人卻不多了。

金溟若，本名志超，乃浙江瑞安林垟
人，生於一九〇五年十二月。父金嶸軒為溫
州近代著名教育家，曾赴日留學。金溟若從
小隨父在日本生活，師從舞田敦、安藤英夫
學習日文。這兩位老師教金溟若讀了大量

《暴勇者》

的日本文學，對他後來的生活產生了「甚深的影響」。金溟若在日本讀了小學、中學，中學快畢業那年回國休假，不想日本發生了關東大地震，便留在家鄉浙江省立第十中學讀書。不久，金嶸軒接掌這所中學的校長，並請來朱自清、劉延陵等新派文人任教。那時，金溟若與中文還「隔著一條相當深度的溝渠，可望而不可即」，為學習中文時常懊惱。其父便征得朱自清的同意，請他為金溟若補習中文。朱自清為金溟若選了一本《辛夷集》作教本，細細講解了三四個月。金溟若後來在〈懷念朱自清先生〉一文中回憶：「我追隨朱先生半年，慢慢地知道運用中國文字。我寫出了第一篇用中國文字寫成的散文，題為《孤人雜記》。朱先生看了，居然很欣賞，把它寄給了《時事新報》的《學燈》上發表，並為我取了『溟若』兩字，作為筆名。這是我的第一篇散文。後來又寫了一篇〈我來自東〉，朱先生也要了去，刊在《我們的七月》上。」從此，金溟若在文壇開始嶄露頭角。雖然金溟若與朱自清年齡相差十多歲，但很談得來，星期日常約幾個喜愛文學的同學陪朱自清去郊遊，江心嶼、梅雨潭、妙果寺、白水漈等溫州名勝留下了他們的蹤跡。當時經常與金溟若一同出入朱自清書房的同學如朱維之、蘇淵雷、馬星野等亦深受朱自清的影響，日後均走上了文學之路。

金溟若中學畢業後，去讀了醫科。瑞安金氏一族有學醫的傳統，金溟若的弟弟金志莊、金志純都是醫生。只是金溟若發現行醫不合自己的性情，便投壺從文了。現代文學研究專家欽鴻寫過一篇〈金溟若：又一位棄醫從文的作家〉，從金溟若〈江北瑣記〉一文中，考證出他在南通大學醫科短暫的學醫經歷。

一九二六年，金溟若畢業於上海大學文藝院中國文學系。一九二八年，金溟若在上海和化名楊每戩的同鄉董每戩合辦時代書局。當時，金溟若翻譯了有島武郎的一本論文集《叛逆者》，苦於無處發表，便與董結伴找魯迅尋求幫助。董每戩曾與著名學者朱正

談起這段往事。朱正在《董每戡同志二三事》一文寫道：「有一天，北大學生施某等二人沒有住處，就到董每戡的亭子間去打地鋪。施某是魯迅的學生，談及魯迅最樂於指導和幫助青年。董談到金的這部譯稿，不知道可不可以請魯迅幫助出版，施說當然可以。於是董每戡就自告奮勇帶著金溟若前往景雲里去拜訪魯迅了。當時魯迅不在家，他們即留下一張字條，約定第二天再去拜訪。」

「第二天魯迅果然等在家裏。」一九二八年五月二日《魯迅日記》記：「午後金溟若、楊每戡來。」就是指這次會面。「當魯迅聽到金溟若已經翻譯了有島武郎的《叛逆者》，感到很驚異，即問已經譯出了多少。金說已經全部譯出，希望找個發表的地方。魯迅說，這書初出的時候，他自己也曾經動手翻譯過，後來逐漸覺得作者的文體很不容易翻譯，又想到當時中國留心藝術史的人還很少，縱使譯出也不見得有許多讀者，於是沒有譯完，就放下了。聽說金溟若已經完成了這項工作，很感到興奮，即要金將譯稿拿去給他看。後來這譯稿經過魯迅修改，陸續在《奔流》雜誌上發表了。」那次見面，魯迅先生鼓勵金溟若將《有島武郎著作集》全部翻譯出來。為解其生計問題，魯迅先生還讓北新書局按月給金溟若生活費。

據考，金溟若是在《魯迅日記》中名字出現最多的溫州人，前後共有二十七條涉及；甚至在魯迅給許廣平的信中還兩次提到他的譯稿。可見，當時魯迅對金溟若的器重。「可是後來金溟若辜負了魯迅先生的期望，生活稍稍安定，即抽上了鴉片煙，不再譯書了。沒有錢花，又去請求魯迅幫助。魯迅對這情況逐漸有所察覺，一天問董：金溟若是不是抽鴉片煙了。董只好據實回答。魯迅怫然說：我不能資助他抽鴉片煙。其後金還去找過魯迅，魯迅卻不願再見他了。」董每戡用一種負疚的神色對朱正說：「這是我至今耿耿於懷，覺得對不起魯迅先生的一件事情。」

一九二九年十月十日，《魯迅日記》記：「金溟若來，不見」。而《暴勇者》的譯者序落款時間正為：一九二九年雙十節黎明。不知道那天金溟若是否想帶這篇文章請魯迅先生指正。一九三〇年二月，金溟若給魯迅去信，魯迅先生收到的當天下午就回復了。一九三三年十一月，金溟若接連給魯迅寫了兩封信，但魯迅都沒有理睬。一九三四年以後，魯迅再也沒有和金溟若聯繫。

對於與魯迅的交往，金溟若晚年在臺灣時曾對繆天華談及。繆天華在《一枝縱橫敏捷的健筆》中記錄了這次對話：「提到他過去在上海翻譯日本文學名著的事情，他的興頭就來了：『我把譯稿寄給魯迅，他看了很合意，就在《奔流》上登了出來。』他津津有味說著。『我寫信給他，問他一些問題，或者請他介紹我的稿子給別的刊物，他都會回我信，很快的，——他是無信不復的。』『你見過他嗎？』我好奇地問。『見過好幾次。』他抽了一口煙，接著說：『我到景雲里他的寓所裏拜訪他。……他對青年都很客氣。……問我一些在日本讀書時的情形。……有一回，他還問我一個日本民間俗語的含意。他真是一個虛心而且仔細的學者啊！』他開心地笑著，露出缺了幾顆牙的烏黑的牙齒。」一九四六年十月二十一日，魯迅逝世十周年之際，金溟若曾在臺灣《和平日報》「新世紀」副刊發表過〈追念魯迅〉，可惜未能讀到，否則可以知道更多他對魯迅的印象。

抗日戰爭爆發後，金溟若開始教書，在溫州與人合辦過永嘉學館。據說，後曾受聘日偽政府擔任溫州「興華莊」總經理。當時在該機構任運輸部副部長的陳于濱撰文回憶：「『興華莊』除運鹽外，不定期販賣毒品，由金溟若一手包辦。持田、白石的政務班經常從上海運來大批毒品轉交『興華莊』。我親眼見到溫州各煙館老闆來向金溟若購買毒品，樂清、瑞安等地毒販也來販運。當時各地煙館林立，白粉、鴉片都是金溟若所供應，為害之烈，實難估量，

而金由此賺錢不少。那時，日本憲兵隊及政務班人員每日來『興華莊』，在樓上金溪若吸毒床上，彼此竊竊密談。汪偽縣長謝醒吾，維持會長吳江冷等人，如遇有與日寇相抵觸而難解決的事，也都來『興華莊』通過金溪若向持田疏通解決。所以『興華莊』成了變相的敵偽政治機構。內地鹽務方面的人物，如麗水鹽局局長鞠叔仁、視察員某某、黃岩鹽場貯運科科長某某等來溫州，都住在『興華莊』，以免出事。因此，『興華莊』一時成了內地國民黨政府人員來溫的『安全所』。這些人來溫是因為城裏繁榮，妓館公開，特來嫖賭作樂；『興華莊』也曾派張益烈陪同去嫖，其腐化墮落到了何等地步！」抗戰勝利後，國民政府以漢奸罪名傳訊金溪若等人，他們出示了鹽局托運的證件，交錢保釋，最後以不起訴了事。

金溪若第一次到臺灣，是一九四五年冬，應當時的基隆市長石延漢之邀，擔任接收委員，協助接管基隆市役所全部公文書。事畢，旋即離去。一九四六年一月，受聘於臺灣大學。一九四九年，母親病危，請假探親。是年底，「逃離大陸」，乘坐舢板船從海上冒險到臺灣，重執教鞭，受聘於中壢中學、臺北一女中等，並擔任過《大眾日報》副刊主編。也曾得魯迅指點的溫州人葉會西（葉永蓁），在《禦寇短評集》後記裏提到，金溪若逼他寫了許多「豆腐塊」。而另一位同鄉繆天華則是金溪若的繼任者。

在五六十年代的臺灣文壇，金溪若有一定的影響。臺灣學者應鳳凰在〈《自由中國》、《文友通訊》作家群與五十年代臺灣文學史〉一文中指出：金溪若的作品充分繼承中國三十年代寫實精神，技巧較為突出，其短篇小說《篩》特別引人注目，「不只因為小說背景不在大陸而在臺灣，更因為主題的尖銳性。《篩》裏面細膩刻畫了幾位剛『流落』到臺灣社會的失意政客，正削尖了頭要鑽營進政治中心的種種窘狀，小說藉此呈現一批大陸知識份子依舊不能腳踏實地，虛假浮誇的共同性格，也趁此批判這批人在中國土地上慘

敗的原因。金溟若以『篩』為題，寓意於『大時代』的考驗，有如一張無形的過濾網，執迷不悟或質量低劣的知識份子，只好被大時代淘汰。」而林海音自從在一九五七年六月《文學雜誌》讀到《聚寶盆》，「便深深佩服金溟若寫小說的筆所指向的路。那時很少讀到像這樣毫不顧忌的以揭開社會上一切醜惡、虛偽面貌為題材的小說。以後又讀了他所寫的《白癡的天才》和《泥塗中的天使》等小說，雖然戳穿的都是教育界的惡形惡相，但其為人性的尊嚴、人間的不平而發出的正義之聲，則是一樣的」。

夏志清說金溟若的小說「注重心理教育，揭露學店醜態」，稱之為「教育小說家」。並且讚揚他的小說「實在寫得不壞」。夏志清說，雖然金溟若「不能像葉紹鈞、張天翼這樣長期努力創作，造成他們在現代中國文學史上重要的地位」，但金溟若的小說「文筆樸實老練，敘事的處理也很經濟，不浪費筆墨，比起葉紹鈞的早期小說，在藝術效果上講，當然有過之無不及。最重要的，在《稚氣》、《聚寶盆》、《白癡的天才》這幾篇裏流露出的一種凜然的正氣，讀後使我們對作者生出一種景仰之心」。

儘管夏志清、林海音等人對金溟若的小說評價甚高，但影響卻不大。反而他的翻譯作品至今仍受推崇，並且有廣泛的市場，金溟若所譯《出了象牙之塔》、《愛的饑渴》、《西哲的話》、《瑜伽術》、《美麗與悲哀》、《瑜珈的哲學分析與方法》、《岩流島後的宮本武藏》、《蛻變：存在主義小說》、《羅生門 河童：芥川龍之介選集》、《沙特小說選：牆、房間、愛洛斯拉特等四篇傑作》等一直在重印。一些讀者甚至說，看三島由紀夫的文章必須要看金溟若的譯本。對自己的翻譯，金溟若也甚為自負。有一次，他拿了一本新出版的《雪鄉》送給繆天華，說：「這部小說，我是花了十天十夜趕譯成的，因為要跟另一家書店爭先出版。老實說，翻

譯日文，我幾乎不需要查什麼辭典的。可是，川端康成的小說不比別家，細膩美妙，注重感覺和抒情的描寫，翻得好並不容易呢！」

金溪若是快手，也是多面手。早年除了著有散文集《殘燼集》，翻譯有《蘇俄新教育之研究》、《學校播音的理論與實際》、《世界人名大辭典》等外，還寫了《非常時期之出版事業》、《印刷術》、《世界文化史》與文化出版有關的書籍。抗戰期間，在《戰時中學生》等雜誌發表過《金融的故事》之類的「趣味的經濟學講座」文章；剛去臺灣的時候，為了生活還替擺地攤的寫了不少推理小說。夏志清在《教育小說家金溪若》一文中總結說，抗戰前夕，金溪若已經出版了十七本書（金溪若《自傳》稱為二十本），但不少是翻譯和編寫的。這與他在時代書局、北新書局、世界書局任職多年有關。只有一本書散文集《殘燼集》「是他真正自己的文章」。來臺灣後，金溪若出了十五種書，大半都是翻譯日本名家作品，散文集只《自己話，大家說》。一九七〇年六月金溪若去世後，他的子女選了九篇小說，編為《白癡的天才》出版。後來，還編了《金溪若散文集》交牧童出版社與圓神出版社印行。

金溪若育有四子二女，其中金恒杰、金恒鑣、金恒煒皆能文章。夫人姚詠萼也能寫作。金恒杰研究法國文學，著有《巴黎的蠱惑》、《法國當代文學論集：由英雄的人到人的泯滅》、《〈紅樓夢〉評論》等；金恒煒曾任《人間》副刊主編及《當代》總編，擅寫評論。金恒鑣雖研究生態學，但一直以「用淺近的文字推廣生態觀念」，上海人民出版社二〇〇九年七月出版了他的《山中的一個鐘頭》。二〇〇九年年初，金恒鑣曾來到溫州，向溫州圖書館贈送了金溪若、金恒杰、金恒煒及他自己和女兒的著作九種，並留下一張金溪若攝於一九六九年的照片，彌足珍貴。

在子女眼中，金溪若是「外表冷峻，而內心燃燒著對人世有無比熾熱愛心的人」。他「疾惡如仇，容不下無理的事」。夏志

清、林海音也這麼認為。夏志清與金溟若結交，是緣於金溟若晚年揭露陶唐剽竊他人文章一事。夏志清說，金溟若是個「正直的人，對家庭、社會、國家，盡力做他分內應做的事，所以他的一生是成功的，也是快樂的，留給他的親友，是一個人格偉大的印象。」「金溟若是位極有骨氣的人，他理想的教育是孟子式的教育，要把每一個學子培養成『富貴不能淫，貧賤不能移，威武不能屈』的大丈夫。」金溟若寫信給林海音談這場剽竊案：「我始終認為這件事不是我一個人的事，對於臺灣的寫作者和出版業者的影響太可怕了。」因此，林海音讚賞金溟若「不屈和正義的個性」。可這種印象與董每戡、陳于濱所述是截然不同的。

誠然，朱正採訪董每戡是在一九七五年，倍受折磨的董每戡講述往事可能極為慎重，對金溟若這樣一個大陸赴台作家的看法難免偏頗。金溟若是否因為吸毒而為魯迅摒棄有待於更進一步的考證，還以真相。陳于濱關於「興華莊」的回憶基於他的政治立場，憑一家之說或許有失公平，也應發掘舊檔案來驗證。

如何認識金溟若的一生，兩種說法，個中矛盾，或許金溟若的那篇《人間味》可略作注解：人類束縛在「愛」與「憎」之下，「永無脫身之日」。「愛與憎使人們保有生的活力與勇氣，明知道它是造物者給人留下的辛辣的諷刺，是偽裝的糖衣，人們仍願意接受這可怕的禮物，乖乖的撲上去。」「愛與憎是造物者最惡劣的一筆，也是最得意的一筆。他把人們緊緊地縛住在這醜惡的塵世上，卻宛如置身樂園中，捨不得離棄而去。這人間味給人們以生的留戀與執著，永遠的捱下去，捱下去。世世代代反覆著。所以說，人，不能是畜生，也不能是聖，是神；為的是只要是一個『人』，不折不扣的」。

去台之後的金溟若深陷孤獨是無疑的。他的兒子金恒杰說：「有誰比生活在自己的國土上卻像流落外域那樣孤獨更痛苦嗎？有

誰比生活在操同一語言的社會中卻像置身異族那樣不能溝通更痛苦
嗎？我父親的後半生正是這樣。我的父親生性樂觀而且曠達，如果
能生活在一個正常開朗的天地裏，一定可以更為快樂，能結出更為
豐碩的果實。」

附記：

　　承蒙金溟若的孫女婿洪侃先生的幫助，在臺灣「中央圖書館」
找到《和平日報》一九四六年十月二十一日新世紀副刊「紀念魯迅
逝世十周年專刊」，其中刊載了金溟若〈追念魯迅〉一文。此文只
一千來字。金溟若說，「研究魯迅作品的學者很多，他們會有系統
的介紹，給他批評，給他估價，但我現在不想，也不敢率爾對他
有所冒瀆。」「僅能就自己敬他與愛他的地方，照實寫下我的感
想。」當《和平日報》的編輯提醒金溟若「魯迅逝世十周年了」的
時候，他陷入了遐想，「好像十年前叩訪他司高塔路的寓居，在他
那簡陋的書齋中吸著廉價的紙煙，恰像是昨天的事情一樣，令我不
相信時間會跑得這麼快」。金溟若認為：「只要稍知道他的人，誰
都曉得魯迅覺得陳嘉庚的力士鞋底軟好走路，所以喜歡他，魯迅的
煙癮大，而廉價的紙煙力道凶，方能過癮，才喜歡他。魯迅不知道
矯作，他照養自己的愛好處世，那一分認真，正是他的可貴處，方
能夠產生永遠年青的作品。」在這篇文章中，金溟若也闡述了「人
間味」的含意：「一個獻身文藝的作者，應該是個有血有肉的普通
的『人』，不能是『惡魔』，同樣的不能是『聖人』，否則便喪失
了『人間味』了。許多玩世不恭的文人，固然是為了太透徹了人世
間，而有了近於世的思想和舉動，可是一旦跨出了人間世——不，
他雖永遠跨不出人間世，但有了這『想跨出去』的念頭，他的文學
者的生涯於是終焉！在文學的國土裏，只有認真處世，一腳一步從
出生而踏向他的歸宿的人，才能產生偉大的作品，而那些人的作品

和他的年齡毫無牽涉，他的作品不會跟他的生命走向老境，永遠是那麼年青。」因此，他認為魯迅的作品是永遠年輕的，魯迅是懂「人間味」。由此看來，金溟若是深受魯迅影響的，並是有所保留地談了自己對魯迅的看法。洪侃在金溟若遺稿中一篇《著作一覽》讀到，他於一九三九年十月在溫州永嘉縣楓林鎮濟時中學曾撰〈紀念魯迅〉。

鄒夢禪的筆墨生涯

明知神州舊書店的書早已今非昔比，二〇〇八年夏天初旅香港時，我還是慕名而往了。在書架前巡視許久，只淘得三四本小冊子。其中一本是，鄒夢禪編寫的《三體鋼筆字帖》，上海福祿壽字帖紙品社一九五五年三月改訂版五版，經折裝。據考證，我國第一本鋼筆字帖出版於一九三五年，為陳公哲書寫的《一筆行書鋼筆字帖》。此後有鄧散木、白焦於一九四九出版的《鋼筆字範》等。鄒夢禪編寫這本字帖，也算是較早探索鋼筆書寫技藝的一本普及性字帖了。而且在當時頗受歡迎，改訂版五版印數已至八萬，八個月後再版時達到十五冊。

鄒夢禪以篆刻與書法聞名。今人王家葵仿「詩壇點將錄」之例，以梁山英雄座次為近代印人排位，授鄒夢禪「地魔星雲裏金剛宋萬」稱號。一般而言，傳統書法家都較輕視所謂的鋼筆書法。而鄒夢禪早在五十年代就做起這種實用文章，真稱得上「與時俱進」。

出生於一九〇五年的鄒夢禪是浙江瑞安人，故作書時常鈐一印：「飛雲江畔之人」。鄒夢禪名敬栻，以字行，號大適，又號大齋，鉼廬，別署遲翁。關於夢禪得名，他曾刻甲骨文印「道門後身」，邊款題：「余之生也，先妣忽夢老僧入室，覺則余呱呱墜地。先考在日，每以此證余前身為禪師，因以為字，並集契籀文刻

鄒夢禪書法

以相印證。」鄒父吉臣先生，是當地名士，通古文，能書法，曾任瑞安望族項家家庭教師。鄒夢禪的書法根底得於家教。盛欣夫在一篇紀念鄒夢禪的文章中曾提到：「其父以《左傳》、《毛傳》等予啟蒙。七歲時授以《說文解字》，辯識文字發展淵源，同時，制定日課開始臨書楷書。以隋《龍藏寺碑》為主，每晨親自督教筆法。運用點畫使轉，揣摩永字八法。日課五百字，習以為常。一年後又學《石鼓文》、《泰山刻石》、《山刻石》等。十二歲時，字課陡增，日臨千字，並兼習《石門頌》、《史晨碑》及《淳化閣帖》、《蘭亭序》、《聖教序》和張旭、懷素名跡，還精摹孫過庭《書譜》近百通。」

一九二四年，鄒夢禪瑞安中學畢業。因家境困難，無法繼續學業，在林大同的推薦下，進入浙江圖書館工作，任目錄員。林大同與鄒夢禪同里，日本留學歸來在浙江鐵路公司任工程師。弘一法師來溫，與林大同有很大的關係。鄒夢禪在浙江圖書館「半工半讀」，從事語言文字和古典文學研究，旁及金石考證與書

法篆刻，並得到馬一浮、馬敘倫、張宗祥、丁輔之等人的指導。多年後，夏承燾夫婦過訪已在上海立足的鄒夢禪，見他家牆上張掛著一幅馬一浮的字，答鄒夢禪問書法，「漢碑當學三闕，章草學《出師頌》，皇象《文武帖》。」西湖畔，孤山下，冬去春來，四易寒暑，鄒夢禪學問大進。浙江圖書館與西冷印社相鄰，鄒夢禪在丁輔之介紹下，經常參加印社活動，成為西冷印社早期會員之一。鄒夢禪後來說：「此對余書法篆刻藝術的發軔起著巨大作用。」

一九二九年春，中華書局《辭海》編輯室從南京遷至杭州，主事者舒新城感人手不足，便在報紙上刊登啟示，公開招聘編輯及助編人員。鄒夢禪通過考試，參加了《辭海》編輯工作。「當時初進編輯部，連我在內只不過十三、四人，在這些人員中還包括圖書室管理員、練習生在內。」鄒夢禪後來回憶說：「僅就這樣微薄的人力而能擔負起龐大的『工程』，似乎是螳臂擋車必不勝任的。經過一段時間的努力，終由於詞目過多，人手太手，條件又差，方法不夠理想，僅僅完成極小一部分的單字、複詞初稿。」因此，杭州編輯部僅存在一年來時間就與上海中華書局編輯所合併了。那年年底，鄒夢禪隨編輯部來到上海，主要做舊詞輯集。編輯本是件默默無聞的工作，而鄒夢禪卻借《辭海》之力一舉成名。

一九三四年，《辭海》發排前夕，中華書局總經理陸費達為該書題字困惑不已。他當時已求得不少海上書法名家的墨寶，但風格各異，利弊之論見仁見智，而且牽涉情面問題，無論選誰的字都會有人不高興。難以抉擇之際，問策於鄒夢禪。鄒夢禪建議「以古為師」，集字解決。這樣一來，皆大歡喜。於是他在《石門頌》、《桐柏廟碑》中選「辭海」兩字，分別作為封面和書脊題字。所以，今天許多人一提起鄒夢禪，就說他題寫了《辭海》，是不確切的。其實是鄒夢禪「雙鉤向拓」而成。鄒夢禪著實沾了不少《辭海》的光。從此，中華書局的出版物，不論新版或重版，凡是封面題

字，都成了鄒夢禪的專業義務。中華書局辦書法函授學校，舒新城委託鄒夢禪兼任教師，編印《書法講義》及碑帖發給學員學習臨摹。

三十年代，海上藝壇，人文彙萃，風起雲湧，能夠立足已是不易，成名成家更屬難事。鄒夢禪曾先後將所治之印輯成譜《夢禪印存》、《夢禪治印集》，趙叔孺、馬一浮為之題耑，可見器重。王廷錫、余紹宋、褚德彝、張宗祥、章炳麟、劉景晨、蔣維喬、蔡元培、顧鼎梅等還共同為他訂篆刻潤約，刊於一九三二年八月二十八日《申報》：「鄒君夢禪，性惇厚，年少好學，善書法，尤喜治印，隱居西湖，晨夕鑽研，寒暑無間，其篆刻直訴秦漢余矩，古茂遒麗，逸趣橫生。近任中華書局編輯，公退之暇，以此自娛，求者日眾，苦於酬應，爰為訂刻例如左：石章每字一元，牙章每字三元，銅章每字五元，金銀章每字七元，晶玉章每字十元，銅金銀晶玉印朱文加倍。」當時頗有些名氣的書畫評論家鄭秉珊曾在《古今》雜誌撰文，點評近代書人，提到了鄒夢禪，說他的隸書學伊墨卿，行草臨黃石齋，亦能篆刻，取逕與鄧石如相近，「所作也可以頡頏」。頡頏的意思是不相上下，相抗衡。這個評價是相當高的。在鄭逸梅的筆記中，有多條關於鄒夢禪，其中涉及其書畫技藝的如：「鄒夢禪與人論書法，謂『近代如楊見山、張逖先、馮桂芬以及曾農髯、李梅庵、馬公愚、王蓴農，在當時為普通書家，今者則鮮有及之者，書道日降，可慨也。」「當代書家，學沈寐叟者，有馬一浮、王蘧常、鄒夢禪、謝鳳孫等。」「鄒夢禪寫的一手很好的沈寐叟，他擅用馬穎，敝笥間尚藏有他的行書楹帖，他工於纖筆，有時繪一兩枝墨竹，灑然自有清致。」「曾見非畫家所畫之竹，如江翊雲、沈尹默、鄒夢禪、鄧散木、錢名山，均以書法寫竹。著墨不多，自有瀟灑出塵之概。」王蘧常撰鄒夢禪墓誌銘亦提到：「夢禪頗慕沈寐叟書，嘗摹於便面，余驚其神似，余曰：足下書足以弁冕，何借於古。君曰：余百試，終不能逮。」

在上海，鄒夢禪還與浙江籍作家馮雪峰、茅盾有過交往。一九三二年十二月二十九日，他和同事白萍隨馮雪峰拜訪魯迅。魯迅為他和白萍各寫〈教授雜詠〉一首。後來，鄒夢禪對與魯迅有過書信往來的胡今虛回憶：「當時魯迅書興兼濃，揮毫為樂，隨手而出，了無拘束。」可惜，此幅墨蹟散失於十年動亂之間。至於與茅盾的友情，一九八〇年十一月五日茅盾致鄒夢禪函可為佐證：「闊別數十年，忽奉手書，疑是夢中，解放初年，由曹辛漢兄寄贈之尊刻賤名及筆名兩小章，至今寶藏，感謝之至。」

一九三七年「八・一三」事變後，中日戰火蔓延至黃浦江畔，中華書局編輯部、印刷廠所在均淪為戰區。當時鄒家住在日商內外棉紗廠附近，整日見日軍戰車和士兵進進出出。鄒夢禪為保家人安全，決定向書局請假，先將家眷轉移至餘姚，安頓好後再回來上班。但鄒夢禪這一走，再沒有回到中華書局。是月底，

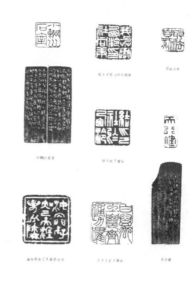

鄒夢禪篆刻作品

他接到書局寄來的一份佈告：「奉八月三十一日總經理佈告一節，應由各處所通知已離滬之同人，非公司專函敦促，暫勿返滬，以免公司負擔加重，致累及現仍留滬之人。中華書局總編輯部啟，二十六年八月三十一日。」對此，鄒夢禪頗感不滿，晚年仍耿耿於懷：「在資本家心目中，徘徊著唯利是圖，反正書已出版，對面臨現實問題，不顧及職工的生活，想是理所當然的事。」「回想三十年代所發生的歷史事實，可知知識份子在舊社會的遭遇，一紙文書，斷送你的一生，比比皆是。居今撫昔，不禁心潮逐浪不勝感慨系之。」

失去中華書局編輯這份工作，對鄒夢禪打擊是很沉重的。但「家庭生活，個人的出路，是不允許長此失業的」。一九三八年春，鄒夢禪在上海光夏中學找到一份工作，任高中部語文教育。孔夫子舊書網曾叫賣過一本《光夏中學第六屆畢業紀念刊》，鄒夢禪題寫刊名，「教職員及勉詞」部分有鄒夢禪的照片和題詞：「戊寅春余蒞茲校授課與本屆諸同學，講讀古文辭及語文作法。諸同學執卷問難蘄勝研討，頗為相得不期。轉瞬間修業期滿，遂爾分袂。歎日月之易逝世，感敘散之無常，為之撫然，爰摛辭以辭其末。猗與光夏，克明勤恁，濟濟多士，文誕六稔；有來雍雍，師徒淵淑，沂洛之風，至止肅肅；維予戾止，陳言務去，亹亹汨汨，講畫文語；幾研群疑，判袂剎那，時輪去徂，如琢如磨。民國第一戊寅五月瑞安鄒夢禪時客滬上。」

後來，鄒夢禪還在上海光明中學教過書。但這已是抗戰以後或解放初期的事了。一位叫胡繩夫的學生曾回憶，一九五七年時他請鄒夢禪刻過一方印。在他的印象中，「鄒老師中等身材，清瘦矍鑠，溫文爾雅，有時好像還要穿件長衫，站在講壇上，我覺得好像是朱自清先生。」

　　但是，鄒夢禪在光夏中學與光明中學之間的這段歷史卻鮮有人知，幾乎空白，只有《鄧散木傳》、《偽廷幽影錄》、《日偽罪行實錄》等略有記錄。或許是忌諱言之吧。《鄧散木傳》記載，一九三八年八月，鄒夢禪與馬公愚、唐雲、鄧散木、白蕉等連袂舉辦「上海杯水書畫篆刻義賣展覽會」，以「賑濟受難同胞，喚起抗日熱忱」。《偽廷幽影錄》收錄的張紹甫〈我所知道的汪偽海軍〉一文透露，「汪偽上臺，水巡隊等改名海軍後，國民黨投敵海軍軍官群集等待安插，官多位少，人事上有了一番變動。日軍先將非海軍軍官出身的，全數調到海軍部當文職官員，有的介紹到行政機關。如水巡學校秘書兼國文教員鄒大齊（齋）（上海相當有名的金石及書法家，一名鄒夢禪），先任偽浙江省政府秘書，後任汪偽全國商統會秘書長。」《日偽罪行實錄》中金湛廬〈記汪偽全國商業統制總會〉一文也提到，汪偽全國商業統制總會委員成立於一九四三年三月，所屬米糧統制委員會委員陳光中與鄒夢禪是同鄉同學，鄒在「米統會」擔任過秘書，後任總務處長兼文書課長。

　　鄒夢禪少有才名，本來應該有更高的聲譽。雖然現在我們還不能確切瞭解他服務于汪偽政府的所作所為以及前後立場變化的苦衷，但這段經歷無疑影響了他後來的創作生涯。可想而知，抗戰勝利特別是解放以後，時代巨變，鄒夢禪的生活何等煎熬。在五十年代，他不僅編寫了《三體鋼筆字帖》，而且為《三個勇士》等連環畫編寫過腳本。然而，這種企圖跟上新時代步伐的一點點努力卻無法改變自己的命運。

　　一九五八年，鄒夢禪被下放到甘肅小城山丹。當地王祝壽曾與鄒有過交往，後來撰文回憶：「那一年縣上辦《山丹簡報》，很多人寫了報頭字，縣委書記劉逢皓都不滿意。當時鄒夢禪的女兒在縣廣播站工作，大灶上吃飯時聽到這件事，回家來給阿大（父親）說了，夢禪先生用四種字體書寫了《山丹簡報》報頭，劉逢皓

很滿意。從此，也改變了他的一段命運。先調到縣印刷廠排版，家也隨之搬到縣城，後來又調到手聯社鐘錶刻字社刻字，每月能領到三十六元錢的工資。」「一九六六年文化大革命清理階級隊伍，凡有問題的人一律遷到農村，他也被遷到位奇公社任家寨大隊二隊。」「他交往少，不和人閒談，但同社員關係處理得好。……管他的整改組長，也是生產隊長，對他也很不錯，聽說工宣隊要來就把他派到五六里遠的樓兒山去拾糞，還讓他遲些回來。有時候派他到李橋水庫給民工送吃的，還叫住上兩三天，就這樣躲過了一次次的批鬥會。工宣隊要『五類分子』的改造情況，整改組長說『鄒夢禪表現很好，改造得不錯』，一次次庇護著他。但是也有挨鬥的時候，老人戴著牌子，自我報名『歷史反革命分子向貧下中農低頭認罪』。批鬥過後，社員們對他不錯。一次批鬥完背土塊，別人有的背五塊，有的背三塊，而只讓他背一塊。」

在那麼艱苦的條件下，鄒夢禪堅持練習書法篆刻。「他做了一個木方盤，把河灘裏的沙子洗得淨淨的，沒有一絲兒土，曬乾裝在盤子裏，閒下來就寫字。或用手指寫，或用木棒子寫，也用沒頭的毛筆桿子寫，天天如此，就是挨鬥也從不中斷。他家除了有兩床被子，一口飯鍋，還有個木箱子，別無他物。箱子裏裝著毛筆、刻刀。他惜之如命，走到哪里帶到哪里，除了寫字就是刻字。他或用沙棗木或用磚頭自製章坯，閒了就刻字，刻了磨，磨了刻。」

在山丹，鄒夢禪留下不少墨蹟和印章。但大多是為生產隊隊友刻的私章，寫的對聯。還有就是標語，據說前幾年在位奇街的一道牆上還有他用笤帚疙瘩蘸紅土水寫的「軍民團結如一人」的標語。他曾為一位老師寫過一本楷體字帖，供孩子學習書法之用，每頁二十四個字，共四十六頁，內容是毛澤東〈沁園春·雪〉、〈七律·人民解放軍佔領南京〉等十五首詩詞。鄒夢禪為王祝壽寫過杜甫〈詠懷古跡〉詩一首，刻「王祝壽藏書」印章一枚。

　　一九七八年，年逾古稀的鄒夢禪得到平反，回到杭州定居。一九八三年，西泠印社補選鄒夢禪為理事，浙江省書法家協會聘為名譽理事。一九八五年，鄒夢禪返鄉探親訪友講學，受到隆重歡迎。次年，鄒夢禪去世，葬於瑞安仙岩陳文節公祠之後，沙孟海題寫墓碑，王蘧常撰寫墓誌銘，郭仲選書丹上石。

　　人們常説：「文如其人，字如其人。」鄒夢禪的筆墨生涯，有過困境，有過輝煌，有過彷徨，有過衝刺，但終究不能有所大成，這或許與他的人生態度有關。正如王家葵評論鄒夢禪的篆刻「有食古不化之病」。他説：「學佛貴無我，治藝則需處處有我，劉石庵譏翁覃溪書法筆筆是古人，何處見真我，夢禪亦是但見古人，少自我者也。」故《近代印壇點將錄》中，鄒夢禪只列「步軍將校一十七員」，贊曰：「學鄧學黃學缶翁，亦清亦健亦渾雄。夢禪畢竟天機淺，尚欠幾分融會功。」超越自我，超越前人，超越時代，自古超越者又有幾人呢。

泥土社往事

一九五〇年春夏之交,許史華、尹庚、應悱村、張禹、胡今虛等人在上海開辦了一家小小的私營出版社——泥土社。

政權更迭,百廢待興,人民政府對私人資本採取的是較為溫和的政策。因此,不僅原有的私營出版社可照常營業,新辦私營出版社亦能得獲許。

據一九五二年九月二十六日出版總署呈報中宣部的《全國出版事業五年建設計畫大綱》(草案)統計,當時,全國共有國營出版社六十三家,而私營出版社卻有四百七十五家,其中一九五一年新建的私營出版社有百家左右。這些私營出版社,雖然有些早已陷入半停頓狀態,而且經過「三反」、「五反」以及一九五二年下半年的營業許可證登記等運動,但仍能照常營業的還有三百家左右。

泥土社本名不見經傳,但因後來捲入胡風事件而聲名大振,乃至今日時有人提起。

一

許史華是泥土社的老闆,但他的經歷鮮為人知。只知他原名許定梅,寧波人,曾寫詩,能幹,與尹庚、耿庸要好,一九四七年參

加過賈植芳和尚丁等人組織的「我們的俱樂部」的進步出版活動，後由尹庚介紹到浦東中學任教。在胡風夫人梅志印象中，許史華「個子不高，圓臉，很能談，看得出有過不少的生活經驗」。

二〇〇三年，上海的陳夢熊請張禹為許史華作小傳。可張禹雖與許史華交往約五年時間，卻並不知曉許的有關經歷。但是，張禹的回信提供了一條重要線索：「我在一九四九年冬到上海，持朋友尹庚的介紹信找到許史華。當時史華在上海總工會下屬勞動出版社工作，自己另外辦了個小出版社——動力社。尹庚計畫編輯一套叢書，把我的一本小冊子——《臺灣二月革命記》收在叢書中，交史華的動力社出版。這是我認識史華的開始。次年春，勞動出版社認為許史華在業餘自辦出版社屬於非組織活動，且有影射之嫌，把史華開除了。因而他就與我們（尹庚、胡今虛和我等）商量，辦起了泥土社。記得大約在五〇年春的某一天，《解放日報》曾刊載勞動出版社（或其領導單位上海總工會）開除許史華的消息，篇幅不小，列了許的不少『罪錯』。」

張禹所說的報導刊登於一九五〇年四月一日《解放日報》，標題為「許定梅膽大妄為偽造《共產黨員讀本》勞動出版社負責人疏于檢查應予懲戒」。文章說，許定梅擅用「動力出版社」的名義，先後編印《共產黨員讀本》、《中國歷史課本》、《中國政治常識問答第一二集》、《大眾自然課本》、《大眾書信讀本》等書籍，並盜用勞動出版社經售和勞動印刷廠承印的名義發行，以圖影射謀利。檢查這些書籍的內容，都係抄襲拼湊而成，粗製濫造，錯誤百出。像《共產黨員讀本》這類的書，為了掌握黨的高度原則性，保證對工人階級對人民的正確領導，除了黨的領導機關外，任何人不能私自編印的，否則就會犯錯誤。文章舉出了《共產黨員讀本》、《中國歷史讀本》的種種錯誤。並說，對於許定梅的錯誤行為，勞動出版社已予適當處理，並責令其將「動力出版社」印發銷售書籍全部收回。

在四月一日至三日，上海總工會勞動出版社還連續三天刊登「緊要啟事」，告知讀者已解除許定梅副經理職務，經理黃履冰調任其他職務，另派吳從雲暫行代理。請各有關同業商號一周內來社處理銀錢賬目等未了手續。並聲明，嗣後許定梅在外一切行動與該社一概無涉。

尹庚主編的那套叢書叫「光與熱叢書」，取魯迅「有一分熱，發一分光」之意，計畫有胡今虛《論魯迅》、尹庚《魯迅的故事》、易山《魯迅舊詩新考》、莫洛《人民的旗》、應悱村《石下草》等十五種，但動力社被查，目前所見只出版王思翔（張禹）著《臺灣二月革命記》、胡今虛編《論魯迅》，其餘都夭折了。

許思梅大概由此改名許史華了，並與尹庚等人商議重起爐灶，成立泥土社。但他已不便公開出面，因而請應悱村任發行人，尹庚任主編。但應悱村只是掛名的負責人。尹庚不久即離開上海到外地工作。胡今虛原來就在外地工作，參加過幾次商議就不再來了。而當時張禹在臺灣民主自治同盟總部工作，每天上班之餘便承擔起編稿任務。許史華則是泥土社唯一的

《解放日報》刊載勞動出版社開除許史華的消息

上海溧陽路1156弄11號

泥土社租在上海溧陽路1156弄11號辦公，舊址至今尚存

專職人員，既是老闆又是員工，裏裏外外一把手。

從某種意義上說，泥土社的前身是動力社。

順便說下，許史華、尹庚、應悱村都是浙江人，張禹、胡今虛是溫州人。尹庚曾在溫州工作，認識胡今虛，又與張禹一起在臺灣共過事。而許史華又與尹庚要好。正是這種機緣，使得他們走到了一起。

二

泥土社租在上海溧陽路一一五六弄一一號辦公，舊址至今尚存。我曾去找過兩次。第一次去，頗費周折才從一位老者口中得知所在。第二次去補拍些照片，見弄口已標明一一五六弄，很容易發現。溧陽路是一條雅致的小馬路，路邊的法國梧桐鬱鬱蔥蔥，鬧中取靜。而所謂的一一五六弄是一爿舊式小洋樓，有十多幢一字排開，泥土社就在其中一幢的某個房間。現在看來，雖然樓道陰暗陳腐，門口小花園因無人打理也略顯蕭瑟，但依然可想像舊日閒適的氣氛。動力

社當初也設在離此不遠的四川中路六五〇號二一六室。這一帶現是上海有名的文化圈，多倫路、內山書店、魯迅故居、魯迅公園等只需步行十多分鐘都可到。

泥土社的標誌出自章西厓之手，一株幼苗，根須深埶在泥土中，兩片小葉破土而出。土裏嵌「泥土社」三字，是集魯迅先生的墨跡。

尹庚、胡今虛、應悱村都曾與魯迅先生有過交往，對魯迅先生有深厚的感情。從取社名、選辦公地點可見一斑。而且泥土社初期推出的也都是有關研究魯迅先生的書籍，即動力社那套夭折的「光與熱叢書」中部分選題，如尹庚《魯迅的故事》、許傑《魯迅小說講話》等。這也成了泥土社的一個出版特色。許廣平還親自審閱該叢書中胡今虛的《魯迅作品及其他》書稿，讚賞有加。是書出版後印了七版，可見受歡迎程度。許傑的《魯迅小說講話》也一再重版。另如耿庸《〈阿Q正傳〉研究》、衛俊秀《〈野草〉探索》皆作者力作。

張禹曾寫過一篇〈憶「泥土社」〉的文章，這是泥土社當事人的唯一記錄，是研究泥土社的重要資料。

他說，泥土社開辦之初只有許史華籌集來的一小筆資金，約有一千萬元（一萬元等於後來的人民幣一元），好在「光與熱叢書」的幾部稿都是小冊子，印刷成本低。而當時新書的銷量大。再加上大家都不拿工資，連稿費也拿得少或不拿。所以，泥土社出版了幾本新書後，漸漸積累了一些資金，業務也發展起來了。

一九五〇年九月，泥土社出版了車爾尼雪夫斯基的《做什麼》。這是一部大部頭蘇聯名著。張禹認為，此書的出版說明泥土社的力量有了增長，在上海灘初步立住了腳。當時的翻譯稿，特別是蘇聯名著，非常搶手，各出版社使出百般競爭手段才有所得。但

許史華很有能力，和一些翻譯工作者建立了良好的合作關係，不時弄來譯稿。後來，甚至像李青崖這樣的名家也把《莫泊桑小說集》交由泥土社出版。這成就了泥土社另一個出版特色。

尹庚早年參加過「左聯」，在文化界人脈很廣。在他的引領下，許史華、張禹等人曾拜訪過馮雪峰、葉籟士、唐弢、胡風等名家，組織高質量的稿件。胡風很支持泥土社事業。幾個月後，就把《人寰二記》交給他們出版。不久，許史華又取來胡風舊譯《美國鬼子在日本》。後來，胡風推薦路翎的劇作，並把《七月詩叢》交給泥土社重印發行。這套書是胡風文學藝術之路上的重要里程碑。在重印時，他對書版式和封面，都做了詳盡的指示。此後，泥土社還重印了胡風的《文藝筆談》、《劍·文藝·人民》等六部文學評論集。一九五三年，許史華照胡風的意思把這六部書做了少量的精裝本以贈朋友。是書黑布面金字，十分漂亮。乃至張禹後來回憶時仍十分感慨：「可惜我所得的一套早已失去，不知海內還有此珍本否。」

泥土社到底出版了多少種書，目前尚無準確統計。查國家圖書館，可檢索到的有八十六種，上海圖書館則收藏了七十九種，實際數量應比這個數字要多。

泥土社的幾本書

三

泥土社因出版胡風著作而提高了知名度和影響力，但也因此遭了殃。一九五五年胡風被打成「反革命」後，泥土社被視為胡風集團的「黑據點」，胡風及胡風分子在泥土社出版的書即成了禁書。當年七月二十八日，中宣部發出了《關於胡風及胡風集團骨幹分子的著作和翻譯書籍的處理辦法的通知》。在附錄的書籍目錄中，泥土社出版的就有二十多種，除胡風外，還有綠原、路翎、羅洛、張禹、耿庸、牛漢、化鐵、賈植芳等人的著作。

吳奔星、衛俊秀等人因在泥土社出版過著作，也受到牽連。

為泥土社設計過標誌和封面的章西厓，亦莫名入獄。

那段時間，胡今虛正有《魯迅詩注》在泥土社排印，但泥土社被查封，別說著作出版無望，連稿件也散失了。直到八十年代，胡今虛收拾心情，重撰書稿出版。

從部隊轉業到內蒙古工作的尹庚，一夜之間遭到厄運，所有的文稿被抄走，公職被開除，妻子離他而去。他在巴盟林河城鄉靠乞討度日，在流浪中過了二十多年。一九七九年，尹庚平反昭雪，重獲自由，被安排到內蒙古巴盟文聯工作。後到北京治病。一九九七年三月二十一日，在貧苦病痛中辭世，享年八十九歲。

一九五四冬調往安徽工作的張禹，也被抓到上海受審查，幸而獲「免予刑事處分」。反右開始後，被劃為「右派」。一九五八年二月，被定為「反革命」再次被捕。服刑三年後，留隊就業，被監督勞動，在安徽農村從事水利工程等重體力活。一九七五年才摘去了「反革命」帽子。四五年後，「右派」、「胡風分子」罪名相繼被洗刷。此後一直在《清明》編輯部工作。退休後，他回到老家溫州平陽生活。

泥土社標誌

而應悱村只在泥土社出版過《石下草》，似乎牽涉不深，但受衝擊在所難免。一九五七年調任華東師範大學中文系任教。

最慘的是許史華。他到賈植芳處取稿，一進門就被扣住逮捕了。一關就是十一年。出獄後，才知他的妻子帶著兩個孩子已改嫁他人。許去找妻兒，被妻的後夫斥出。他竟心灰意冷，絕望地上吊自殺了。

四

如今，泥土社的當事人只張禹健在，其他人都已歸道山了。

二〇〇八年三月，我與方緒曉一起到平陽鰲江拜訪張禹。已八十六高齡的張禹獨居在一幢普通的商品房裏，女兒每天過來幫他打理生活。張禹身體尚健朗，能吸煙，還堅持讀書、寫作。二〇〇三年六月，中國致公出版社出版了他的隨筆集《從心隨筆》。二〇〇六年九月，與人合作編校的《王理孚集》列溫州文獻叢書出版。

　　談起泥土社往事，張禹依舊記憶清晰。我帶了幾本泥土社出版的書，請他題詞留念。

　　張禹在許傑《魯迅小說講話》上題：「許先生是前輩作家，抗日期間曾給我很多教誨。解放後在上海華師大任教，我常有機會向他請益。今已逝世多年，猶常在回憶中。」此書為一九五三年七月六版。書末有「五版後記」，附錄了張禹《關於研究魯迅先生小說的意見》。此書原題《魯迅小說研究》，張禹在編輯時改動了兩字。

　　又在《文藝的任務及其他》上題：「方韶毅先生從外地覓得舊書來平陽，見面後談及往事，不勝感慨。五十餘年前拙作，今日見之，自覺不堪卒讀。聊表數語，以為紀念。」

　　我還想請他在胡風的幾本書上題詞。但他翻了翻書，筆遲遲未落，最後緩緩合上書，遞還了給我。往事如煙，想來是勾起了老人的傷痛。

　　張禹對胡風是很尊重的。在《我與胡風》一文中，他曾談到和胡風短短的交往過程中受益匪淺：「其一，我在解放前的十來年中雖曾胡亂寫過一些東西，卻從來沒有機會系統地讀書學習，對許多問題都一知半解、若暗若明；受到胡風和朋友們的啟迪和鼓勵，我著實下了一番功夫，讀了不少書，並比較深入地思考了一些有關歷史、社會、人生和文學藝術上的問題，雖不敢說有幾多可稱道的成果，但在我自己，卻未曾虛度光陰，也頗有心得，因而留下了美好的記憶。其二，我在胡風身上看到了魯迅所稱許的『鯁直』品格。這在當時是不合時宜的，並且已籠罩著一種愈來愈濃重的悲劇色彩；但因此就格外突出，使朋友們為之焦慮，又被強烈地感染和吸引。我得承認，不論在五十年代初還是後來的歲月中，我都沒能學到他的這種崇高品格。不過，『雖不能至，心嚮往焉』，它給我的影響要比他的理論更有力得多。」

張禹在此文中還説：「在短短幾年中，泥土社出版了幾百種書，絕大部分與胡風毫無相干。大量的書稿來自各地作家、翻譯家，他們大都與我素昧平生，有的至今猶無一面之緣。其中有些作者與作品，顯然與胡風南轅北轍，很難被胡風所讚賞，作者本人也不希冀受胡風讚賞的。但我認為，出版社應該是兼收並蓄，廣泛吸收各家各派的觀點和風格，只要能成一家之言，或可為讀者提供某些有用的東西，就不坊出版，這對於作者、讀者、出版社都有益處。」但後來，許多作者受到牽連，賬都記在胡風名下。

張禹説：「實際上卻是我惹的事。」

其實，張禹無須抱愧。在荒謬的歷史前面，個人始終是無力的。

五

目前，對於五十年代私營出版社的研究尚蒼白乏力。因此，有關泥土社的來龍去脈，很多人還不瞭解。近見韋泱《人與書，漸已老》、張澤賢《民國出版標記大觀》等新書對泥土社的描述均有諸多錯誤。主要有二：

一是與現代文學社團泥土社相混淆。據徐迺翔、張晨輝主編的《文學詞典》，一九四七年二月，北平師範學院學生李象文、康寶玢、葉邁等在教授丁易、焦菊隱的支持下，成立了泥土文學社，葉邁為社長。他們中很多成員是中共地下黨員、民盟盟員。一九四七年四月創辦了《泥土》雜誌。刊物出版後由於政治形勢惡化，泥土社大部分成員奔赴解放區，或轉移往其他城市，留下來的成員便與北大文學院的同學合作，吸收了朱谷懷、劉天文等參與編輯工作。朱谷懷和胡風的關係比較密切，故而，《泥土》便從第四期開始刊登路翎、牛漢、綠原、羅洛等人作品。正因為泥土社和七月派的這種關係，人們又往往把它認為是七月派的一個分支。一九四八年四

月九日，北平發生「四九血案」，泥土社主要負責人岳海遭捕，泥土社社員多數被通緝。《泥土》在出版了第七期後被迫停刊，泥土社也停止了活動。但此泥土社與後來成立的出版機構泥土社完全是兩回事，並無傳承關係。若說有聯繫，只有兩個泥土社都編輯出版過七月派詩人的作品。

二是泥土社的成立時間。張靜廬輯注的《中國現代出版史料丁編》（下）附錄有一份「一九四九年全國公私營圖書出版業調查錄」，其中收錄了泥土社的資料。有人據此認為泥土社成立於一九四八年或一九四九年。若此說成立，可能是許史華等人在動力社之後改組了泥土社。那麼，張禹、賈植芳、梅志等人的回憶就不準確了。我以為這種推理是站不住腳的，調查錄上一九四九年並非實指，而是指解放前後，那份調查錄表明了解放前後全國公私營圖書出版業的基本狀況。

建國初期，對私人資本特殊照顧的政策是短暫的。隨著一場場運動的到來，出版業和其他商業一樣，逐步被一統為國有。在新政權看來，這些出版社的「出版方向大多不明確，出版物多屬粗製濫造，其中不少是投機出版社，亟需逐步分類整理，或予以取締、或以聯營方式建立有專業方向的聯合出版社，以減少單位、避免重複。」上述《計畫大綱》（草案）稱，「平均每年整頓與取締者為百分之二十，經整頓後的一部分（約二十家）由國家投資改組為公私合營，爭取到一九五七年全國出版業基本上由國家掌握。」

事實上，私人出版社被整頓與取締的進程比預計的要快。《上海出版志》記載：「上海市出版局在審批營業許可證的過程中，淘汰了一批不具備條件的出版社。到一九五三年底，私營書店從三百二十一家減少到二百五十二家；一九五四年初，尚有私營出版社八十家，其中十五家參加公私合營，三十一家的編輯出版業務人員由各國營和公私合營出版社聘用，二十三家被淘汰，其餘十一家

宗教出版業分別由各宗教團體管理。自此，上海基本上完成了對私營出版業的社會主義改造，從業人員全部得到妥善安置，有條不紊地進行工作。」

泥土社即使沒有捲入胡風事件，它的結局也是可想而知的。

附記：

廣東惠州劉惠女士讀到二〇一〇年五月四日南方都市報《泥土社往事》後，打電話給我，才知道泥土文學社在胡風事件中也受到牽連。

劉惠女士是泥土文學社成員李象文、李惠芬夫婦的女兒。她說，「四九血案」發生後，她的父母到了冀東解放區，分別改名葉北岑、葉北流，所以她的小名叫葉葉。解放後，葉北岑、葉北流被分配到南方日報工作。胡風事件中，被隔離審查後，雙雙失蹤，下落不明。年幼的劉惠被送到了孤兒院，她還有個弟弟也被送了人。

劉惠在二〇一〇年滿五十七歲，已退休。電話中，我可以感受到她哽咽的語氣。她說，如果父親活著有八十多歲了。她希望從我這裏得到一些線索，尋找到雙親下落。我查到，關於她父母的遭遇，泥土文學社成員葉遙在《我所記得的有關胡風冤案「第一批材料」及其他》曾提及。此文發表在一九九七年十一月二十九日《文藝報》，舒蕪《回歸五四》一書收為附錄。

又，張禹先生已於二〇一一年一月三十日病逝，享年九十。

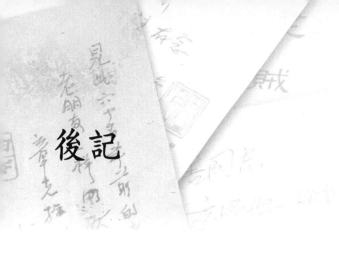

後記

關於這本小書，我想說的，其實在簡體字版（金城出版社二〇一〇年十一月）後記中大多提過了。無非是這麼幾點：一是湊湊當下民國話題的熱鬧。今年是辛亥革命一百周年，民國題材的書一下多了起來，這本書能順利出版與此有很大關係。二是講一點溫州文化人的事。民國期間，溫州人在文化領域有一定的地位，有一定的影響，值得一講。三是換一種文史類文章的寫作方法，注重故事性並儘量提供些新材料。四是梳理下我的藏書。近年來買了些舊書，要把它利用起來。

書在大陸出版後，北京、香港、深圳、昆明、溫州等地的報紙作了介紹，一些朋友對我講了許多鼓勵的話。我很高興，但也很清醒，畢竟這是一本習作，是地方水平。如果要在這條路上走下去，一定要再上一層樓，這是我應當不懈努力的。

感謝薛原兄牽線搭橋，感謝蔡登山先生、邵亢虎先生為這本小書在臺灣出版所付出的辛勤工作。

二〇一一年四月

世紀映像叢書

世紀映像叢書

世紀映像叢書

世紀映像叢書

世紀映像叢書

世紀映像叢書

世紀映像叢書

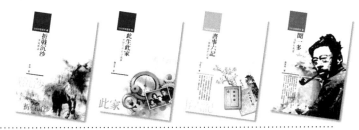

史地傳記類　PC0162

民國文化隱者錄

作　　　者／方韶毅
主　　　編／蔡登山
責任編輯／邵亢虎
圖文排版／黃莉珊
封面設計／王嵩賀

發 行 人／宋政坤
法律顧問／毛國樑　律師
印製出版／秀威資訊科技股份有限公司
　　　　　114台北市內湖區瑞光路76巷65號1樓
　　　　　電話：+886-2-2796-3638　傳真：+886-2-2796-1377
　　　　　http://www.showwe.com.tw
劃撥帳號／19563868　戶名：秀威資訊科技股份有限公司
　　　　　讀者服務信箱：service@showwe.com.tw
展售門市／國家書店（松江門市）
　　　　　104台北市中山區松江路209號1樓
　　　　　電話：+886-2-2518-0207　傳真：+886-2-2518-0778
網路訂購／秀威網路書店：http://www.bodbooks.com.tw
　　　　　國家網路書店：http://www.govbooks.com.tw
圖書經銷／紅螞蟻圖書有限公司
　　　　　114台北市內湖區舊宗路二段121巷28、32號4樓
　　　　　電話：+886-2-2795-3656　傳真：+886-2-2795-4100

2011年7月BOD一版
定價：320元
版權所有　翻印必究
本書如有缺頁、破損或裝訂錯誤，請寄回更換

國家圖書館出版品預行編目

民國文化隱者錄 / 方韶毅作. -- 一版. -- 臺北
市 : 秀威資訊科技, 2011.07
　　面； 公分. -- (史地傳記類 ; PC0162)
BOD版
ISBN 978-986-221-758-0(平裝)

　1. 知識份子　2. 傳記　3. 浙江省溫州市

782.623/419　　　　　　　　100008867

讀者回函卡

感謝您購買本書，為提升服務品質，請填妥以下資料，將讀者回函卡直接寄回或傳真本公司，收到您的寶貴意見後，我們會收藏記錄及檢討，謝謝！如您需要了解本公司最新出版書目、購書優惠或企劃活動，歡迎您上網查詢或下載相關資料：http:// www.showwe.com.tw

您購買的書名：_____

出生日期：_____年_____月_____日

學歷：□高中 (含) 以下　　□大專　　□研究所 (含) 以上

職業：□製造業　□金融業　□資訊業　□軍警　□傳播業　□自由業
　　　□服務業　□公務員　□教職　　□學生　□家管　□其它____

購書地點：□網路書店　□實體書店　□書展　□郵購　□贈閱　□其他

您從何得知本書的消息？

　□網路書店　□實體書店　□網路搜尋　□電子報　□書訊　□雜誌
　□傳播媒體　□親友推薦　□網站推薦　□部落格　□其他_____

您對本書的評價：（請填代號　1.非常滿意　2.滿意　3.尚可　4.再改進）

　封面設計____　版面編排____　內容____　文／譯筆____　價格____

讀完書後您覺得：

　□很有收穫　□有收穫　□收穫不多　□沒收穫

對我們的建議：_____

_____

_____

_____

11466
台北市內湖區瑞光路 76 巷 65 號 1 樓

秀威資訊科技股份有限公司　　　收

BOD 數位出版事業部

....

（請沿線對折寄回，謝謝！）

姓　　名：＿＿＿＿＿＿＿＿＿　年齡：＿＿＿＿　性別：□女　□男

郵遞區號：□□□□□

地　　址：＿＿＿＿＿＿＿＿＿＿＿＿＿＿＿＿＿＿＿

聯絡電話：(日)＿＿＿＿＿＿＿＿＿　(夜)＿＿＿＿＿＿＿＿＿＿

E-mail：＿＿＿＿＿＿＿＿＿＿＿＿＿＿＿＿＿＿＿